Als ich Anfang 2021 den Auftrag zu diesem Buch erhielt, fühlte ich mich sehr geehrt, war aber gleichzeitig auch nervös, das gewaltige Epos auf kindgerechte Weise wiederzugeben. Ohne die Hilfe vieler hätte ich das Projekt nicht realisieren können. Ich möchte mich daher an dieser Stelle bei diesen lieben Menschen sehr bedanken, insbesondere aber bei Dr. Regina Heilmann, die mir stets mit Rat und Tat zur Seite stand.

Petra Henke

Petra Henke

Wie das Gold in den Rhein kam

Die Nibelungengeschichte für Kinder

SCHNELL + STEINER

Die hier nun vorliegende Adaption des Nibelungenlieds in Form eines neuen Kinderbuchs ist das Ergebnis eines vom Stadtmuseum Ludwigshafen initiierten Projektes. Ziel war es, Kindern des 21. Jahrhunderts den weltberühmten Stoff auf unterschiedliche Art und Weise, aber dennoch verständlich und kindgerecht näherzubringen. Die Umsetzung haben wir der Kinderbuchautorin, Illustratorin und Museumspädagogin Petra Henke zu verdanken. Das Vorhaben und die Erstauflage wurden durch eine großzügige Spende der Stiftung der ehemaligen Stadtsparkasse Ludwigshafen ermöglicht, worüber wir sehr glücklich sind.

Es gibt viele Wege, sich dem Nibelungenlied als Epos literarisch anzunähern – sei es aus Sicht des ihm vorausgegangenen Sagenstoffes, aus der Lebenswelt seiner Entstehungszeit oder der noch weiter zurückliegenden Epoche, von der es erzählt. Aus dramaturgischen Gründen sowie mit Blick auf die Zielgruppe steht es Kunstschaffenden dabei stets frei, eine eigene Version entstehen zu lassen. Aus unserer Sicht ist das mit diesem Buch hervorragend geglückt: Die relevanten Handlungsstränge, die wichtigsten Figuren sowie die universalen, zeitlosen Themen, die das Nibelungenlied einzigartig und weltberühmt gemacht haben, wurden altersgerecht wiedergegeben, ohne dabei die Komplexität und Schönheit des Originaltextes außer Acht zu lassen. So gelang Petra Henke mit ihrer einfühlsamen Erzählweise, ansprechenden Bebilderung sowie dem Einflechten informativer Sachtexte eine frische Neufassung, die sicher jedes Kind anzusprechen vermag.

Das Stadtmuseum Ludwigshafen bedankt sich darüber hinaus ebenso herzlich beim Verlag Schnell & Steiner für die Aufnahme des Buchs in dessen Verlagsprogramm sowie die hervorragende Zusammenarbeit.

Dr. Regina Heilmann,
Leiterin Stadtmuseum Ludwigshafen, im Oktober 2021.

Ludwigshafen
Stadt am Rhein

Bibliografische Information der Deutschen Nationalbibliothek: Die Deutsche Nationalbibliothek verzeichnet diese Publikation in der Deutschen Nationalbibliografie; detaillierte bibliografische Daten sind im Internet über http://dnb.de abrufbar.

2., korrigierte Auflage 2023

Leibnizstraße 13, 93055 Regensburg
Telefon: +49 787 85-0, Telefax: +49 787 85-16

Umschlaggestaltung/Layout/Satz: typegerecht berlin
Druck: Druckteam Berlin

Gesamtherstellung: Verlag Schnell & Steiner GmbH, Regensburg

ISBN 978-3-7954-3692-0

Weitere Informationen zum Verlagsprogramm erhalten Sie unter: www.schnell-und-steiner.de

INHALT

7 Wie das Gold in den Rhein kam

15 Was ist eine Sage?

34 Was ist ein Vasall?

41 Wer war Hagen von Tronje?

48 Der Schatz der Nibelungen

52 Wer war König Etzel?

55 Christenglauben – Heidentum

57 Reisen in früheren Zeiten

70 Ausbildung zum Ritter

73 Die Hunnenreiter

86 Personenregister

87 Glossar

Wie das Gold in den Rhein kam –

Die Nibelungengeschichte für Kinder

Alberinchen: *»Es war einmal…«, so fangen alle Märchen an. Doch was ich euch heute erzählen möchte, ist gar kein Märchen. Man sagt, es sei vor langer, langer Zeit geschehen. Meine Erzählung handelt von stolzen Frauen und Männern, von Kraft, Mut und Liebe, von Freundschaft und Verrat.*
Meine Geschichte klingt wie ein Märchen, denn sie handelt sogar von einem Drachen und einem riesigen Schatz. Viele Menschen haben schon nach diesem Schatz gesucht. Man sagt, er sei gar nicht weit von hier irgendwo im Rhein versenkt.

Woher ich die Geschichte kenne? Nun, ich war zwar nicht selbst dabei, aber meine Vorfahren.

Ach ja, da fällt mir ein, ich habe mich noch gar nicht vorgestellt:
Mein Name ist Alberinchen. Ich stamme aus dem Volk der Zwerge. Mein berühmter Ur-Ur-Ur-Urgroßvater war der Zwergenkönig Alberich. Und der hat damals den Schatz behütet. – So hat man es mir zumindest erzählt. Richtig glauben kann ich das nicht. Es klingt doch allzu fantastisch. Aber wer weiß…
Ja, habe ich euch jetzt neugierig gemacht?

Nun, dann hört gut zu. Ich erzähle euch, was man mir einst berichtet hat. Und wir werden gemeinsam der Wahrheit auf den Grund gehen…«

Erzählung

Es war einmal vor langer, langer Zeit, da lebte in der Stadt Xanten am Niederrhein ein schöner junger Königssohn. Er hieß Siegfried. Seine Eltern waren König Siegmund und Königin Sieglind.

Siegfrieds Mut und Stärke waren über die Grenzen des Königreichs hinaus bekannt.

Als Prinz war er zu einem Ritter erzogen worden. Viele Ritter besaß das Land. Doch kein Kämpfer konnte es mit der Kraft und dem Mut Siegfrieds aufnehmen. Wenn ein Turnier stattfand, war Siegfried stets der Sieger. Seine Eltern waren stolz auf ihren mutigen Sohn, und sein Vater sah in Siegfried den besten zukünftigen König, den sich sein Volk nur wünschen konnte.

Siegfried wuchs heran und eines Tages war er alt genug, um zu heiraten. Da wollte sich der junge Prinz auf die Suche nach seiner zukünftigen Königin machen. Er hatte gehört, dass im Königreich der Burgunder eine liebreizende Prinzessin leben soll. Sie sei die schönste Jungfrau, die man je gesehen habe. Ihr Name sei Kriemhild.

Dies vernahm also Siegfried und nur allein vom Hörensagen verliebte er sich Hals über Kopf in die schöne Prinzessin.

Seine Eltern mahnten ihn: »Sei vorsichtig! Kriemhild hat drei Brüder, die passen auf sie auf. Ihr ältester Bruder ist König Gunther. Er herrscht über das Reich der Burgunder. Die Burgunder sind ein großes Volk und bilden sich sehr viel auf ihre Kraft und Stärke ein.« – »Bin ich nicht auch stark und mutig? Wer kann es mit mir aufnehmen?«, sagte Siegfried.

Er verabschiedete sich von seinen Eltern und ritt geschwind Richtung Worms. In der Stadt Worms nämlich befand sich der Königshof der Burgunder mit seiner geliebten Kriemhild.

Es war ein weiter Ritt.

Siegfried kam durch einen großen Wald. Er wurde von Menschen, die ihm entgegenkamen, gewarnt, in dem Wald wohne ein Drache.

Immer tiefer drang Siegfried in die Wildnis vor, bis er an einem dunklen See ankam. Und da lag er, der Drache, und schlief. Mutig sprang Siegfried von seinem Pferd, zog sein Schwert und schlich leise zu dem riesigen Wesen, um ihm den Garaus zu machen. Da erwachte das Ungeheuer. Es richtete sich auf. Seine Größe war furchteinflößend, sein peitschender Schwanz todbringend. Es kam zum Kampf. Schon dachte der Königssohn, seine letzte Stunde habe geschlagen. Der Drache stellte sich auf zwei Beine, um mit einem gewaltigen Hieb seiner Vorderpranken zuzuschlagen.

Siegfried aber stieß dem Wesen sein Schwert ins Herz. Sterbend sank der Drache nieder. Siegfried hatte gesiegt.

Aus der Drachenwunde flossen Ströme von Blut und ein Tropfen benetzte Siegfrieds Ohr. Auf einmal verstand er die Sprache der Vögel, die ihm zuriefen: »Du musst im Blut des Drachen baden. Dann bist du unverwundbar, denn das Blut besitzt Zauberkraft.« Der Königssohn tat, wie ihm geheißen. Von da an war seine Haut hart wie der Panzer des Drachen. Doch während des Bades fiel ein einzelnes Lindenblatt auf seinen Rücken zwischen die Schulterblätter. Diese Stelle sollte Siegfried später zum Verhängnis werden.

Ein kleiner Exkurs über Drachen

Viele Kulturen auf der ganzen Welt kennen Drachen als mystische Fabelwesen. Schon unsere Vorfahren befassten sich mit diesen Wesen. Drachendarstellungen aus China und Mesopotamien, etwa die 5000 Jahre alt sind, zeugen davon.

Das Fabelwesen Drache wird in den verschiedenen Kulturen mal schillernd bunt, mal silbernschwarz dargestellt. Mal hat der Drache mehrere Köpfe oder Schwänze, mal besitzt er Flügel. Oft kann er Feuer speien. Meistens ist er als schlangen- oder saurierartiges Mischwesen dargestellt. Ob die Menschen in der Vergangenheit wohl Rückschlüsse über Knochenfunde der ausgestorbenen Urzeitechsen gezogen haben?

Im europäischen Raum galt das Fabelwesen immer als ein machtvolles und furchteinflößendes Ungeheuer. Vielleicht sollte der Drache nur ein Symbol für die kolossalen Naturgewalten darstellen, denen gegenüber sich der Mensch wie ein hilfloses Wesen vorkam.

Im asiatischen Raum dagegen gibt es auch den gutmütigen Drachen, der gleichzeitig ein Glückssymbol sein kann. Noch heute wird in China das neue Jahr mit Drachentänzen begonnen.

Schon bald darauf setzte Siegfried seinen Ritt fort, schließlich wollte er schnell in das Land der Burgunder gelangen. Der Wald wurde gebirgiger. Hohe Tannen säumten den Weg. Nach einer Zeit traf er auf eine Lichtung. Er traute seinen Augen nicht. Vor dem Eingang einer Höhle war ein Schatz von unvorstellbarer Größe ausgebreitet. Er funkelte und glitzerte. Bewaffnete Ritter, riesengroß, bewachten ihn. In ihrer Mitte stritten sich zwei Edelmänner. Ein Zwerg versuchte den Streit zu schlichten, doch ohne Erfolg. Als die Edelmänner Siegfried bemerkten,

baten sie ihn um Hilfe. »Wir sind die Prinzen Schilbung und Nibelung, Söhne des mächtigen Königs der Nibelungen. Und dies ist Alberich, der König der Zwerge. Uns Prinzen gehört der Schatz. Wir wollen ihn jetzt, nachdem unser Vater tot ist, unter uns aufteilen. Hilf uns, den gerechten Anteil zu finden. Jeder von uns soll die Hälfte erhalten. Als Lohn sei dir das Schwert Balmung gewiss.« Siegfried stimmte gerne zu, denn das Schwert Balmung war sehr mächtig. Doch wie sehr sich auch bemüht, den Schatz gerecht aufzuteilen, es wollte ihm nicht gelingen. Da wurden Schilbung und Nibelung erst neidisch aufeinander und dann sogar wütend auf Siegfried. Im Zorn zogen sie ihre Schwerter. Es kam zu einem harten Kampf. Siegfried aber, der nun das Schwert Balmung besaß, gewann. Er erschlug die zornigen Prinzen und alle

Alberinchen:

Oh Mann, oh Mann, was für ein Abenteuer. Da hat Siegfried ja mehr Glück als Verstand. Aber er ist auch ein toller Kämpfer. Heute würde man ihn »Superheld« nennen. Und dann kommt noch das Bad im Drachenblut hinzu. Das macht ihn unverwundbar. – Irgendwie eklig, oder? Uääh.

Nun gut. – Hm, ob es Siegfried wirklich gegeben hat? Was mag wohl wahr sein an dieser Geschichte?

hünenhaften Ritter dazu. Am Ende war nur noch der Zwergenkönig Alberich übrig. Dieser versuchte Siegfried zu überlisten, indem er sich ein Tarnnetz überwarf. Als König der Zwerge besaß Alberich nämlich ein solches. Und ein Tarnnetz macht unsichtbar. Doch Siegfried erwischte einen Zipfel und zog daran. Da war der Zwerg enttarnt. Siegfried ließ Alberich frei und schenkte ihm das Leben. So kam Siegfried in den Besitz des Schatzes der Nibelungen, des Tarnnetzes und des Schwertes Balmung. Siegfried machte Alberich zum Hüter des Schatzes. Dieser gelobte ihm ewige Treue und Freundschaft. Der Schatz aber wurde sicher verwahrt.

Nach diesem Abenteuer beeilte sich Siegfried, endlich die schöne Prinzessin Kriemhild zu sehen.

Historie:

In früheren Zeiten, als es noch keine modernen Medien wie Fernseher, PC, Tablet oder Handy gab und man nicht im Internet nach Informationen suchen konnte, erzählten sich die Menschen zur Unterhaltung Geschichten. Auch unsere Vorfahren lauschten vermutlich am Lagerfeuer Erzählungen. Sie handelten vielleicht von Heldentaten tapferer Krieger, von deren Mut und Liebe, von Erlebnissen aus der Götter- oder Menschenwelt. Manche Erzählungen beruhten auf tatsächlichen Ereignissen aus der Vergangenheit. Diese Geschichten wurden von Generation zu Generation weitergegeben und manchmal mit weiteren Erzählungen verbunden. Irgendwann begann man diese Geschichten aufzuschreiben.

Eine davon ist die Nibelungensage oder auch das Nibelungenlied.

Wie jede Sage, so beruht auch das Nibelungenlied teilweise auf historischen Begebenheiten, die vor langer Zeit stattgefunden haben, und es gibt einen Helden, der Abenteuer erlebt und besondere Aufgaben bewältigen muss.

WUSSTEST DU SCHON,

dass das Nibelungenlied in einer deutschen Sprache aufgeschrieben wurde, die heute nicht mehr gesprochen wird? Diese Sprache nennt man »Mittelhochdeutsch«. Am Ende der Sage steht: hie hât daz mære ein ende: *daz ist der* Nibelunge liet . *(Hier hat die Geschichte ein Ende. Das ist der Nibelungen Lied.) Allerdings bedeutet* Liet *nicht unbedingt das, was wir heute unter* Lied *verstehen. Vielmehr ist eine Erzählung oder Dichtung gemeint. Wahrscheinlich aber wurde das Nibelungenlied im Mittelalter am Hof eines Fürsten als Gedicht oder auch als Gesang vorgetragen.*

Was ist eine Sage?

Eine Sage ist eine mündliche Überlieferung mit einem wahren Erlebnis im Kern. Märchen sind dagegen frei erfunden und enthalten oft übernatürliche Begebenheiten. Diese kommen zwar auch in Sagen vor, dadurch erscheinen sie Märchen oft so ähnlich. Aber in Sagen wird von Personen und Orten erzählt, die es tatsächlich gab.

In einer Sage gibt es häufig Helden, die Abenteuer erleben oder Aufgaben bewältigen müssen. Sie treffen dabei auf übernatürliche Wesen, wie Zauberer, Feen, Hexen, Riesen, sprechende Tiere, Drachen oder Meerjungfrauen.

Auf welche historische Begebenheit aber bezieht sich diese Sage?
Lasst uns eine Zeitreise machen und den Fragen auf den Grund gehen.

Als sich vor mehr als 1500 Jahren Das Römische Reich nach und nach auflöste, machten sich viele Menschen auf die Suche nach einer neuen Heimat. Manche waren auf der Flucht vor Krieg und Verfolgung, andere fanden in ihrer alten Heimat nicht mehr genügend Nahrung. Dieses Zeitalter nennt man die »Zeit der Völkerwanderung«. Einige

Elemente aus der Sage der Nibelungen weisen in diese Zeit.

Die Erfahrungen der Not, der Kriege und Verfolgungen blieb den Menschen im Gedächtnis haften. Diese Erlebnisse wurden über einen langen Zeitraum weitererzählt. Als das Nibelungenlied aufgeschrieben wurde, waren schon an die sechshundert Jahre seit dem Ende des Römischen Reiches vergangen. Wahrscheinlich wurde das Lied von einer einzelnen Person aufgeschrieben. Wer das war, weiß man heute nicht mehr. Der Autor wollte seinem Publikum jedoch keine historischen Tatsachen vermitteln. Er wollte einfach eine spannende Geschichte erzählen. Und doch kann man heute Erlebnisse, Orte und Personen aus der Vergangenheit im Lied der Nibelungen wiederfinden.

Wer waren die Personen? Wo haben die Ereignisse stattgefunden? Und was ist damals genau geschehen?

Über viele Jahrhunderte hinweg befand sich ein großes Gebiet entlang des Rheins unter römischer Herrschaft. Die Menschen, die dort seit Generationen lebten, hatten sich die römische Lebensweise und Kultur zu eigen gemacht. In unmittelbarer Umgebung von vielen Militärkastellen waren nach und nach kleine Ortschaften und später ganze Städte entstanden, die zum größten Teil bis in unsere Zeit existieren, darunter Köln, Mainz, Speyer, aber auch Xanten und Worms. Die beiden zuletzt genannten Städte werden auch im Lied der Nibelungen erwähnt:
In **Worms** leben die Burgunder um König Gunther, in Xanten der schöne Siegfried.

Schauen wir uns zunächst einmal an, wo sich diese beiden Orte befinden.

Xanten liegt am Nordrhein, ungefähr vierzig Kilometer von der heutigen niederländischen Grenze entfernt.

In der Antike war Xanten eine der bedeutendsten römischen Niederlassungen nördlich der Alpen. In der Spätantike wurde die Stadt zerstört und nicht wieder aufgebaut. Stattdessen gründeten die Bewohner vor den Mauern der alten römischen Stadt eine neue. In der Zeit der Völkerwanderung existierte die antike Stadt also gar nicht mehr. Doch werden mit Sicherheit noch Ruinen gestanden haben. Ob sich dort eine Burg befand, in der ein Königspaar mit seinem Sohn Siegfried lebte, ist allerdings nicht bekannt. Siegfried ist auch keine historische Person, sondern eine Sagengestalt, ein Superheld, der viele Fähigkeiten besitzt.

WUSSTEST DU SCHON,

dass die Figur des Siegfrieds bereits in älteren nordischen Sagen vertreten ist? Der Autor des Nibelungenlieds hat diese Sagen vermutlich gekannt und sie in seine Geschichte mit eingebunden.

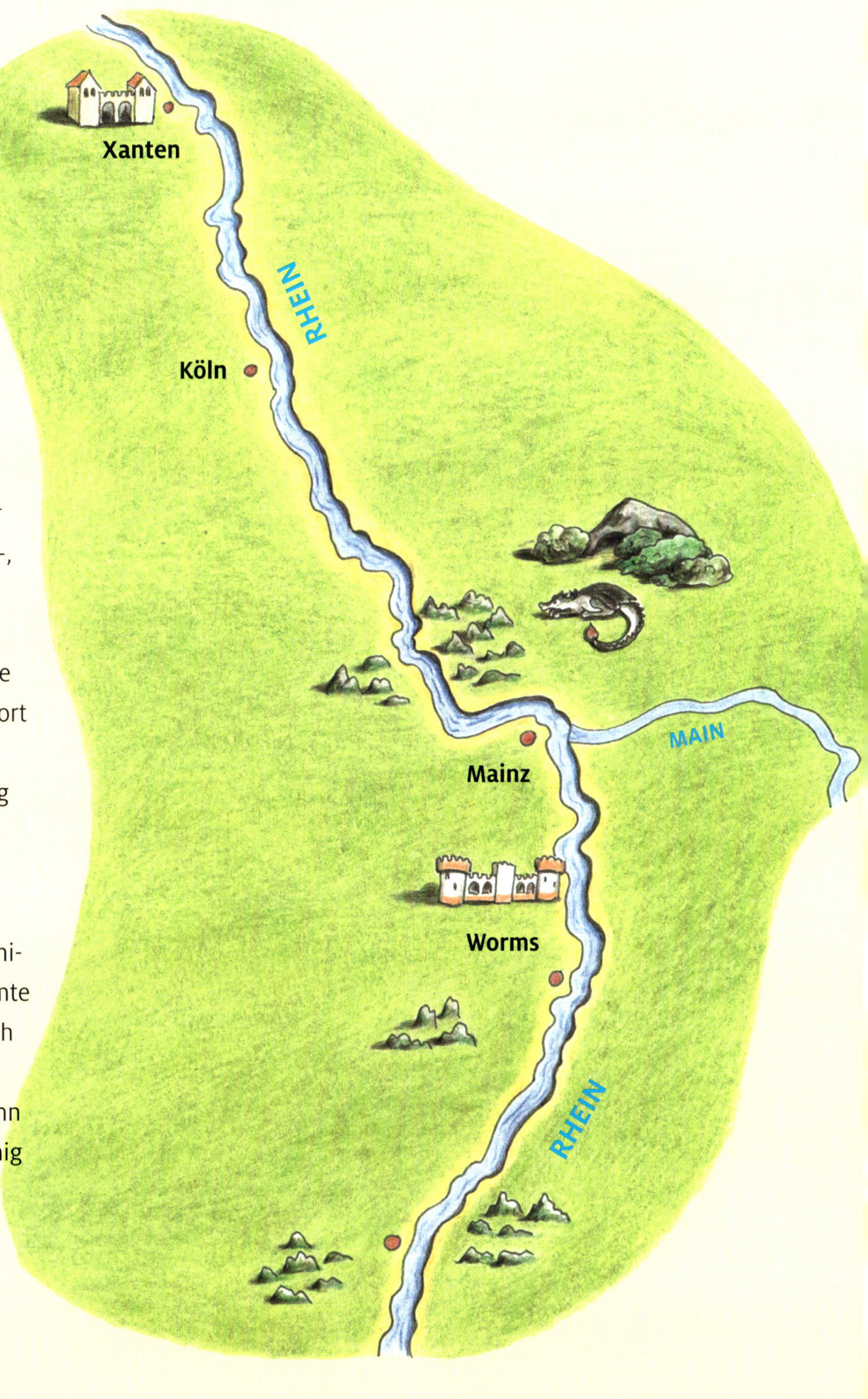

Doch nun zur **Stadt Worms.**
Wenn man den Rhein von Xanten aus weiter stromaufwärts fährt – also Richtung Süden –, kommt man irgendwann in Worms an.

Auch diese Stadt ist schon sehr alt.

Noch bevor die Römer an ihrer Stelle eine große Niederlassung gründeten, siedelten dort die Kelten.

Nach dem Ende der römischen Besatzung um das Jahr 413 nach Christus errichtete ein König namens Gundahar sein Königreich im Gebiet um Worms. Gundahar war König der Burgunder. Die Burgunder waren ein germanisches Volk, welches aus Skandinavien stammte und über das Gebiet des heutigen Polen nach Westen auswanderte. Im Zuge der Völkerwanderung siedelten die Burgunder sich dann am Rhein an. Mit Gundahar ist wohl der König Gunther aus dem Nibelungenlied gemeint.

Der historische Gundahar führte damals Krieg gegen die Römer. Daraufhin holten sich die Römer Unterstützung beim Volk der Hunnen. Diese waren ein kampferprobtes und gefürchtetes Reitervolk aus dem Gebiet des heutigen Ungarn, tief im Osten Europas gelegen. Gemeinsam konnten sie die Burgunder besiegen (436 n. Chr.). König Gundahar und seine Familie wurden getötet.

Dieses geschichtliche Ereignis wird im Nibelungenlied aufgegriffen. Auch die Hunnen spielen im Niebelungenlied eine große Rolle. Doch dazu später.

Erzählung

Nach vielen Tagen kam Siegfried am Königshof in Worms an. Er wurde dort in Ehren empfangen, denn man sah, dass er von edler Herkunft war. Außerdem hatte man bereits von seinen Taten gehört.

Der ganze Hof hatte sich im Königspalast versammelt. Dort standen die stolzen Brüder Kriemhilds. Sie hießen Gunther, Gernot und Giselher. Gunther war der Mächtigste unter ihnen – der König der Burgunder. Neben den Brüdern standen ihre beiden

Onkel Hagen von Tronje und Dankwart. Hagen war der engste Berater des Königs Gunther und man sah ihm an, dass er ein kampferprobter Ritter war.

Als Siegfried nun den stolzen Burgundern gegenüberstand, wurde er übermütig und sprach zu Gunther:

»Ehrwürdiger König, ich habe schon einige Abenteuer erlebt. In vielen Kämpfen war ich der Sieger. Ich bin ein kühner Ritter und der Sohn eines Königs. Ich fordere dich, König Gunther, zum Kampf heraus. Wenn du siegst, bekommst du mein Königreich, wenn ich siege, bekomme ich dein Königreich Burgund.«

Siegfried sagte das, weil er sich für unverwundbar hielt. Außerdem würde er bei einem Sieg auch Kriemhild bekommen.

König Gunther aber war erstaunt.

»Warum sollte ich mit dir kämpfen? Ich habe das nicht nötig. Mir gehört schon das größte Königreich.«

Da nahm ihn sein Onkel Hagen von Tronje zur Seite und sagte leise:

»Mein König, der da vor dir steht, ist Siegfried der Drachentöter. Er hat im Drachenblut gebadet und ist seitdem unverwundbar. Außerdem gehört ihm der gewaltige Schatz der Nibelungen. Du kannst nicht mit ihm kämpfen, denn du kannst ihn nicht besiegen. Niemand kann das. Wenn Siegfried aber auf unserer Seite steht und für uns kämpft, dann sind wir Burgunder unbesiegbar.«

Das hörte sich König Gunther an. »Siegfried«, sagte er, »lasst uns die Kräfte in einem Ritterturnier messen. So können wir beide nur gewinnen, aber nicht verlieren.«

Darauf ging Siegfried ein. Und so kam es, dass viele Tage lang Turniere gehalten und Feste gefeiert wurden. Viele Ritter traten gegen Siegfried an, doch dieser gewann stets. Schon bald bewunderten alle den Königssohn aus Xanten.

Auch die Damen erfreuten sich an den ritterlichen Kämpfen. Sie schauten vom Balkon aus zu. Unter ihnen war Kriemhild. Je mehr sie Siegfried zuschaute, desto mehr gefiel er ihr. So kam es, dass Kriemhild sich auch in ihn verliebte.

Noch aber hatten sich beide nur von ferne gesehen.

Alberinchen:

Hach, ich stelle mir das gerade vor: Kriemhild schaut verliebt aus dem Fenster und unten steht Siegfried und winkt. – Oh, wie romantisch.
Aber irgendwie ist Siegfried ziemlich eingebildet. Findet ihr nicht auch? Hm.
Andererseits, so einen starken Helden, einen Ritter, den hätte ich gerne zum Freund. Aber bis jetzt haben sich die beiden noch gar nicht richtig gesehen und auch nicht miteinander gesprochen. Warum eigentlich nicht? Warum verabreden sie sich nicht einfach und treffen sich dann?

Historie:

Das Nibelungenlied wurde Anfang des 13. Jahrhunderts, im Hochmittelalter, niedergeschrieben. Auch wenn der ihm zugrunde liegenden Sagenstoff auf einer Begebenheit am Ende des Römischen Reichs beruht, also auf etwas, das schon fast achthundert Jahre zuvor geschehen sein soll, so lässt der Autor die Figuren in seiner eigenen Lebenswelt spielen. Und die Welt um 1200 war die Zeit der Ritterspiele und der Minne. Die edlen Ritter verehrten adelige Damen, und berühmte Hofsänger schrieben Gedichte und Lieder, in der die Liebe zu einer schönen Frau beschrieben wurde, ohne dass diese Liebe auch erwidert werden musste.

Die Ehe war keine Liebes-, sondern eine Zweckgemeinschaft. Eine Ehe wurde von den Eltern der jeweiligen Partner in die Wege geleitet. Häufig waren dabei die zukünftigen Ehepartner noch Kinder. Auch kam es vor, dass der Zukünftige wesentlich älter war als die Ehefrau. Durch die Eheschließung zwischen zwei wohlhabenden Familien, zum Beispiel zwei Königsfamilien, hoffte man Frieden und Wohlstand zu erhalten und zu vermehren. Kinder, die aus dieser Verbindung hervorgingen, stärkten diese Hoffnung. Die Söhne sollten später den Besitz, die Ländereien oder gar ganze Königreiche erben. Die Töchter wurden wieder gewinnbringend verheiratet.

Auf die Töchter wurde bis zur Heirat argwöhnisch aufgepasst. Sie durften keine engen Freundschaften zu fremden Männern eingehen, denn sie sollten unberührt und rein in die Ehe gehen.

So wird auch Kriemhild im Nibelungenlied erzogen. Von ihren Brüdern streng bewacht, darf sie Siegfried nur von ferne sehen. Da Kriemhilds Vater nicht mehr lebt, ist Gunther, ihr ältester Bruder, für sie verantwortlich. Er wird Kriemhilds Ehemann aussuchen. Daher muss Siegfried den burgundischen König fragen, ob er Kriemhild heiraten darf.

Erzählung

Siegfried sehnte sich nach Kriemhild. Er wollte sie nicht nur von ferne bewundern. Er wollte mit ihr sprechen, mit ihr tanzen, ihr nahe sein. Er nahm sich ein Herz, ging zu König Gunther und sprach mit ihm über seine Sehnsucht. Gunther nickte verständnisvoll. »So wie es dir geht, so geht es auch mir. Im hohen Norden lebt eine Königin. Sie heißt Brünhild und ist für ihre Schönheit bekannt. Ich habe mich in sie verliebt und möchte sie bitten, meine Frau zu werden. Doch ist Brünhild auch bekannt für ihre Kräfte. Viele Männer, darunter stolze Ritter, haben schon um ihre Hand angehalten. Brünhild aber sagt: *Nur wer mich im Kampf besiegt, darf mein Ehemann werden.*

Starke Männer haben gegen sie verloren und mussten dabei ihr Leben lassen. Nun sag, Siegfried, wie soll ich nur ihre Liebe gewinnen, wenn ich sie nicht besiegen kann?« – Da sprach Siegfried voller Eifer: »König Gunther, ich helfe dir, Königin Brünhild zu besiegen.« – »Wie aber soll das gelingen? Diese Frau besitzt Zauberkräfte«, sagte Gunther skeptisch. Darauf meinte Siegfried frohen Mutes: »Ich besitze ein magisches Tarnnetz, bin bärenstark und unbesiegbar. Lass uns nach Norden reisen und gemeinsam gegen Brünhild antreten.

Ich habe schon einen Plan. Lass mich nur machen. Dafür hilf mir dann aber auch, Kriemhilds Liebe zu gewinnen.« – König Gunther lachte: »Die Liebe meiner Schwester hast du schon, denn ich weiß, sie liebt dich. So reisen wir also in den Norden, und wenn wir mit Brünhild zurückkehren, dann wollen wir eine Doppelhochzeit feiern.«

Da wurde es Siegfried warm ums Herz, und er freute sich auf das Abenteuer.

König Gunther und Siegfried reisten nicht alleine. Auch Hagen von Tronje und Dankwart, die beiden Onkel, nebst einigen Dienern, waren mit dabei. Sie waren viele Tage unterwegs, fuhren mit Schiffen den Rhein hinab, bis über das Meer nach Island. Schließlich erblickten sie auf hohen Klippen die mächtige Burg der Königin Brünhild.

Sie wurden von ihr im großen Saal der Festung erwartet. Dort stand die Königin im Kreise ihrer Ritter.

»Sagt, wer seid ihr und was wollt ihr von mir?«, fragte sie die Männer.

Siegfried trat mit einer Verbeugung vor und meinte: »Deine Schönheit wird über die Grenzen deines Landes hinaus gerühmt. Doch die Wirklichkeit übertrifft das Gesagte.« Da lächelte Königin Brünhild wohlwollend, denn welche Frau hört nicht gerne solche Worte. »So sei mir denn gerne willkommen und Gast in meinem Reich«, sagte sie und nickte hoheitsvoll. Da meinte Siegfried: »Nicht mich musst du grüßen, sondern meinen König Gunther aus dem Burgunderland. Sein Herz liegt dir zu Füßen. Er möchte um deine Hand anhalten.« – Da sprach die Königin, zu Gunther gewandt: »Schon viele Edle haben um meine Hand angehalten. Doch ist ihnen das nicht bekommen. Denn um mich zu heiraten, muss man mich im Dreikampf besiegen.

Zwar habe ich gehört, dass du der König eines mächtigen Reiches bist. Doch glaube ich nicht, dass du mich im Kampf besiegen kannst. Wenn du verlierst, verwirkst du dein Leben und auch das deiner Begleiter.«

Da sahen sich die Männer betreten an. Siegfried aber nickte König Gunther aufmunternd zu.

Der König zögerte nur kurz. Dann sagte er: »Ich nehme deine Herausforderung an und werde gegen dich kämpfen, obwohl du eine Frau bist. Aber ich begehre dich und möchte dich zu meiner Königin machen. Doch vor dem Kampf möchte ich mich noch von meinem Ritter Siegfried verabschieden.«

Gunther und Siegfried verließen den Raum.

Draußen fragte König Gunther:« Siegfried, wie soll ich Brünhild nur besiegen?« – »Ich besitze doch das Tarnnetz«, erklärte dieser. »Wenn ich es über mich werfe, bin ich unsichtbar und kann deine Hand im Kampf führen. Du musst mich nur machen lassen.«

König Gunther erklärte sich einverstanden, und so wurde Siegfrieds Plan in die Tat umgesetzt.

Im ersten Kampf traten sich Brünhild und Gunther gegenüber. Beide sollten eine Lanze werfen und damit den Schild des Gegners treffen.

Königin Brünhild warf ihre Lanze so kräftig, dass König Gunthers Schild durchbohrt und er tödlich getroffen worden wäre, hätte nicht der unsichtbare Siegfried, den Speer aufgehalten. Als Gunther an der Reihe war, führte Siegfried seinen Arm. Der Aufprall der Lanze war so stark, dass Brünhild mit dem Schild in der Hand in die Knie ging. Die Königin staunte, was für ein starker Gegner Gunther war, denn sie wusste nichts von Siegfrieds Hilfe.

Als Nächstes musste ein Felsbrocken geworfen werden. Brünhild hob ihn mühelos auf und warf ihn so weit, dass man ihn fast nicht mehr sehen konnte. Da ging ein Raunen durch die Zuschauermenge. Hagen von Tronje meinte finster: »Was ist das nur für ein Teufelsweib? Wie soll mein König da gewinnen?«

Doch als Gunther den großen Stein schleuderte, half ihm der unsichtbare Siegfried. Der Brocken flog so weit, dass man ihm im Unterschied zu Brünhilds überhaupt nicht mehr ausmachen konnte.

Wer am weitesten springen konnte, sollte im letzten Kampf der Sieger sein.

Die Königin sprang so hoch und weit, wie man es noch nie gesehen hatte. Doch als Gunther zum Sprung ansetzte, nahm ihn Siegfried unter die Achseln und hob ihn an, sodass dieser erneut die Königin übertraf.

Da hatte König Gunther alle Kämpfe gewonnen, und es brach ein großer Jubel unter seinen Leuten aus.

Brünhild aber sagte: »König Gunther, du hast gewonnen und ich stehe zu meinem Wort. Ich werde dich, wie es Sitte ist, in dein Land begleiten und dort deine Königin werden. Doch meine Liebe hast du noch nicht. Die musst du erst gewinnen.«

Königin Brünhild war sich nicht sicher, ob der Sieg mit rechten Dingen zugegangen war.

Nach einer Weile tauchte Siegfried wieder auf und fragte, wer denn nun gewonnen habe, denn er habe den Kampf nicht gesehen. Siegfried spielte ein Spiel: Er tat nun so, als ob er fortgegangen und gerade erst wiedergekommen sei. Als die Königin den schönen Siegfried sah, dachte sie, dass sie lieber gegen ihn verloren hätte als gegen Gunther.

Es wurde alles für die Reise vorbereitet. Schon bald sah man eine prachtvolle Flotte über das Meer segeln und den Rhein hochfahren.

Nach vielen Wochen erreichten sie den Hafen von Worms. Die Kunde über den glücklichen Ausgang ihrer Fahrt war den ruhmreichen Männern schon vorausgeeilt. Es herrschte große Freude am Königshof. Alle Burgunder hatten sich am Rhein versammelt. Auf den Festwiesen waren Zelte aufgebaut. Das Volk jubelte und tanzte. Auch Siegfrieds königliche Eltern und sein Freund, der Zwergenkönig Alberich, Hüter seines Schatzes, standen gemeinsam mit den Nibelungen am Ufer. Wie freute sich Siegfried, sie alle wiederzusehen! Am meisten aber freute er sich auf Kriemhild, denn nun durfte er sie endlich heiraten.

Ein großes, prächtiges Fest wurde vorbereitet. Als es Abend wurde, hatten sich viele edle Herren im großen Saal der Burg versammelt. Musik erklang. Da erschienen auch die edlen Damen mit Kriemhild in der Mitte. Wie schön sie aussah in ihrem kostbaren Gewand. Ihr Bruder, König Gunther, nahm sie bei der Hand und sagte: »Holde Schwester, hier im Saal befindet sich einer, der dir sein Herz schenken und dich heiraten möchte.« – Da blickte Kriemhild Siegfried an und ihr Herz machte

vor Freude einen Sprung. »Sag, mein Bruder, ist es der, der dort vor mir steht?« – »Ja, es ist Siegfried. Möchtest du ihn zum Mann nehmen?« – Da lachte Kriemhild voller Glück und Gunther legte ihre Hand in Siegfrieds.

Und so kam es, dass an einem Tag zwei königliche Hochzeiten im Burgunderland gefeiert wurden.

Alberinchen:

Oh, wie schön. Hm.

Eigentlich enden doch hier normalerweise Geschichten – zumindest ist das so in Märchen. Prinz und Prinzessin heiraten. Ende gut, alles gut. Aber die Erzählung ist kein Märchen, sondern das Nibelungenlied – und das geht noch lange weiter. Da werden noch viele schlimme Dinge geschehen.

Doch zunächst möchte ich an dieser Stelle einmal Fragen beantwortet haben.

Wer ist denn diese Königin Brünhild? Gab es die wirklich? Und aus welchem Land stammt sie?

Historie:

Brünhild ist im Nibelungenlied eine Königin aus einem Land im hohen Norden. Man vermutet, dass mit diesem Land Island gemeint ist. Island bedeutet Eisland und liegt am nördlichsten Zipfel Europas, am Polarkreis. Dort gibt es Vulkane, also feuerspeiende Berge. Geysire sprühen ihre heißen Wasserstrahlen hoch in den Himmel. Im Winter herrscht eisige Kälte.

Einwanderer aus skandinavischen Ländern, unter ihnen vor allem die Wikinger, siedelten sich dort vor langer Zeit an. Diese brachten ihren Glauben und ihre Erzählungen aus der nordischen Mythologie mit.

In den nordischen Sagen spielten auch kämpfende Frauen eine Rolle. Man nannte sie Walküren.

Sie suchten auf den Schlachtfeldern unter den verstorbenen Kriegern die besonders tapferen, um sie nach Walhall, in die Halle der Gefallenen, zu führen. In Walhall sollten diese eigentlich verstorbenen Krieger sich tagsüber im Kampf üben und die Nächte mit Feiern verbringen, wo sie von den Walküren bedient wurden.

Der Autor des Nibelungenlieds kannte die nordische Mythologie. Er wollte wohl mit Brünhild auch die nordische Sagenwelt in seine Geschichte einbringen. Allerdings war es im 13. Jahrhundert, also in der Zeit, in der die Erzählung aufgeschrieben wurde, undenkbar, dass eine Frau in den Kampf zog und zudem auch noch stärker war als ein Mann. So musste Brünhild schließlich im Nibelungenlied von einem Mann besiegt werden.

Erzählung:

Es wurde den ganzen Tag bis in die tiefe Nacht hinein gegessen, gesungen und getanzt. Als die Brautleute müde wurden, gingen sie zu Bett. Siegfried und Kriemhild verstanden sich prächtig, denn sie hatten sich herzlich lieb. Nur Brünhild konnte sich nicht auf Gunther freuen. Immer noch glaubte sie, dass Gunthers Sieg nicht mit rechten Dingen erfolgt war. Als Gunther sie in ihrem Schlafgemach voller Freude umarmen wollte, stieß sie ihn zurück. »Aber was hast du nur? Du bist doch meine Frau!« König Gunther war entrüstet. – »Deine Ehefrau bin ich wohl. Doch musst du mich erst noch erobern und meine Liebe gewinnen«, sagte Brünhild. Gunther wurde wütend. Da nahm ihn die starke Brünhild hoch und hängte ihn kurzerhand an

einen Kleiderhaken. Dort hing nun der arme König wie ein nasser Sack. Alle seine Bitten halfen nichts. Königin Brünhild lachte ihn nur aus: »Nun habe ich meine Ruhe und kann schlafen. Schlafe du dort am Kleiderhaken.«

Erst als der Morgen graute, hatte Brünhild Erbarmen und ließ ihren Mann herunter. Der nächste Tag war wieder ein Festtag, denn königliche Hochzeiten feiert man lange. Siegfried war aufs Beste gelaunt. Doch König Gunther wirkte bedrückt. Da fragte ihn Siegfried, und Gunther erwiderte: »Ach, guter Freund, was soll ich nur tun? Ich liebe Königin Brünhild. Doch ihr Herz ist kalt. Ich darf kein freundliches Wort an sie richten. Sie weist mich zurück. Ich glaube, es liegt an ihrem Gürtel. Nie zieht sie ihn aus. Bestimmt kommen daher auch ihre Kräfte. Wenn sie den Gürtel doch nur ablegen würde, dann würde auch ihr Herz wärmer, und ich könnte ihre Liebe gewinnen.«

Siegfried überlegte kurz. »Du weißt, ich besitze die Tarnkappe«, sagte er. »Sie hat uns schon einmal geholfen. Wenn ich mich heute Nacht unsichtbar mache, schleiche ich mich in euer Gemach und entwende ihr den Gürtel. So sind ihre Kräfte gebannt. Wäre dir damit geholfen?« – Da nickte der König erfreut. »Ja, so machen wir es. Nur versprich mir: Es muss für immer unser Geheimnis bleiben, dass nicht ich, sondern du sie im Kampf besiegt und ihr auch den Gürtel entwendet hast.«

Das versprach Siegfried hoch und heilig.

Als die Nacht angebrochen war und sich Brautleute und Hochzeitsgäste zur Ruhe begeben hatten, schlich Siegfried aus seinem Zimmer und durch die Burggänge zu Gunthers und Brünhilds Gemach. Er trug das Tarnnetz. Niemand sah ihn. Die Tür war unverschlossen, so konnte Siegfried unbemerkt in den Raum schlüpfen. Da saß Brünhild auf einem Stuhl und kämmte ihr Haar. Finster blickte sie dabei zu Gunther. »Wage nicht, mir zu nahe zu kommen oder es ergeht dir so wie gestern.« – König Gunther nickte nur.

Siegfried aber schlich hinter Brünhild und löste unbemerkt deren Gürtel. Da ging eine Veränderung in Brünhild vor. Ihr Blick hellte sich auf und ihr Herz erwärmte sich für König Gunther. Siegfried aber nahm den Gürtel an sich, verschwand und legte den Gürtel in seine Kleidertruhe.

Am nächsten Morgen fand ihn dort Kriemhild. Verwundert fragte sie ihren Mann, was das für ein schöner Gürtel sei. Siegfried sagte daraufhin, der sei ein Geschenk für sie, einer Königin würdig. Kriemhild legte sich erfreut das kostbare Geschenk an. Sie hatte sich schön gekleidet, da zierte sie der Gürtel umso mehr. Nun wollte sie so zur Kirche gehen.

Auf dem Weg zum Gotteshaus traf sie Brünhild. Diese war gerade sehr verärgert, denn sie suchte ihren kostbaren Gürtel. Sie glaubte, ihn verloren zu haben.

Kriemhild begrüßte Brünhild aufs Freundlichste. Diese grüßte jedoch nicht zurück. Das ärgerte Kriemhild. »Warum grüßt du mich nicht, wo ich es doch tat?« – »Dass du mich grüßt, gehört sich wohl, bin ich doch eine Königin und du nur die Frau eines Vasallen«, entgegnete die stolze Brünhild. – »Wie kommst du darauf, dass mein lieber Ehemann Vasall ist?«, fragte daraufhin Kriemhild erstaunt. Da erwiderte Brünhild:« Ich habe selbst gehört, wie Siegfried meinen Gemahl Gunther als seinen König vorstellte, damals, als Gunther gegen mich gekämpft hat. So ist mein Gunther der Lehnsherr und Siegfried nur sein Getreuer.« – »Ja glaubst du wirklich, mein Bruder Gunther würde mir so eine Schmach antun und mich unter meinem Stand verheiraten? Auch ich bin eine Königin, denn mein Mann ist Siegfried, König von Xanten«, sagte daraufhin Kriemhild. – »Mein Mann aber ist der mächtigste König. Ihm gehört das größte Reich«, erwiderte Brünhild. So stritten sich die beiden Frauen vor dem Eingangsportal der Kirche, bis Kriemhild erbost meinte: »Mein Siegfried ist der reichste Mann weit und breit. Ihm gehört der Schatz der Nibelungen. Er ist der stärkste und kühnste Held und er liebt mich über alle Maßen. Noch heute Morgen hat er mir ein kostbares Geschenk gemacht«, woraufhin Kriemhild ihren Mantel öffnete. Da leuchtete und blitzte es golden um ihre Hüfte. Als Brünhild ihren Gürtel an Kriemhild, sah wurde sie blass. Sie drehte sich wortlos um und verschwand in der Burg.

Von nun an waren die beiden Königinnen einander spinnefeind.

Alberinchen:

Oh je, wie kann man sich nur so streiten? Wie kleine Kinder: Mein Mann ist stärker. Mein Mann ist mächtiger. Meiner aber reicher. Deiner ist ja nur der Vasall. Ähm, was bedeutet das überhaupt? Das verstehe ich nicht.

Was ist ein Vasall?

Im frühen Mittelalter regierten einige wenige Fürsten über große Gebiete. Sie waren diejenigen, die das Sagen hatten, die Recht sprachen und über die Menschen herrschten. Sie verliehen den Menschen das Land, auf dem diese wohnten. Dafür musste die Bevölkerung ihrem Fürsten treu dienen und ihn mit Nahrung und Kleidung versorgen. Auch halfen sie ihrem Herrn beim Bau von befestigten Anlagen und mussten ihm im Kriegsfall beistehen.

Der Fürst wiederum hatte sein Volk zu beschützen. Der Fürst war der Lehnsherr, die Bevölkerung gehörte zu den Vasallen.

Die Fürsten wohnten in Burgen, die zunächst aus Holz, später aus Stein errichtet wurden. Um diese Burgen lagen die Dörfer der Vasallen.

Um ihre Macht zu erweitern, ließen die Fürsten in späteren Zeiten immer mehr Burgen errichten. Da sie nicht überall gleichzeitig sein konnten, verliehen die Herren den treuesten Untertanen die Burgen, um diese zu verwalten. Diese Untertanen waren auch Vasallen.

Das System, bestehend aus *Lehnsherr* und *Vasall,* nennt man *Lehnswesen*.

Auch im Nibelungenlied spielt das Lehnswesen eine große Rolle. So ist zum Beispiel Hagen von Tronje ein Vasall des Königs Gunther. Hagen ist seinem Lehnsherr König Gunther bedingungslos treu, sogar bis in den Tod. Hagen tut alles, um Unheil von seinem König und dessen Reich fernzuhalten.

Auch im Streit der beiden Damen Kriemhild und Brünhild geht es darum, wer wem zur Treue verpflichtet ist. Brünhild glaubt, dass Siegfried ein Untertan, also ein Vasall ihres Ehemannes ist. Dieser stünde dann nämlich in der Rangfolge unter König Gunther. Deswegen glaubt Brünhild, mehr Rechte zu besitzen als Kriemhild. Siegfried aber, der auch ein König ist, hat die gleichen Rechte wie Gunther. So hat auch Kriemhild die gleiche Stellung wie Brünhild.

In der Zeit um das Jahr 1200, als das Lied aufgeschrieben wurde, bestand das Lehnswesen, und der Autor lebte inmitten dieser Gesellschaft. Deswegen lässt er seine Geschichte, die ja im Grunde genommen auf Begebenheiten aus der Zeit der Völkerwanderung zurückgreift, in der dieses Lehnswesen noch gar nicht existierte, in seiner eigenen Zeit spielen.

Dies ist schwer zu verstehen. Das wäre vielleicht so, als ob wir eine Rittergeschichte erzählen würden, die achthundert Jahre zurückliegt, die Figuren aber dann in unsere Zeit hineinversetzen.

Erzählung:

In Brünhild brodelte es. Wie kam Siegfried nur an ihren Gürtel? Welches Geheimnis barg der schöne König vom Niederrhein?

König Gunther bemerkte den Streit der beiden Frauen und auch sein Onkel Hagen von Tronje sah, dass der Frieden im Königshaus gestört war.

»Mein König«, sagte er zu Gunther, »Siegfried ist schuld am Streit der Königinnen. Er wird immer mächtiger. Alle schauen bewundernd zu ihm auf. Er ist der Stärkste. Er besitzt Zauberkräfte und zudem noch den riesigen Schatz der Nibelungen. Als Nächstes will er noch deine Krone und König der Burgunder werden.« – »Du magst recht haben«, sagte Gunther nachdenklich, »aber Siegfried wird mit meiner Schwester bald nach Xanten abreisen. Dann kehrt hier wieder Ruhe ein.« – »Und wenn er bleibt?«, fragte Hagen und sprach weiter: »Es gibt nur eine Lösung. Wir müssen Siegfried loswerden, und ich weiß auch schon wie.« – König Gunther schüttelte den Kopf. »Tue nichts Unüberlegtes. Siegfried ist mein Schwager, der mir schon oft geholfen hat.« – Da sagte Hagen finster: »Siegfried kennt auch dein Geheimnis um Brünhild. Wenn diese erfährt, wer sie wirklich im Kampf besiegt hat, werden wir hier alle unseres Lebens nicht mehr froh. – Siegfried muss sterben.«

Da wurde König Gunther blass. »Nein, das darf nicht sein. Nicht nur, dass Siegfried unserem Reich stets beigestanden hat und unser Freund ist, sondern er ist auch mit einer Drachenhaut versehen.

Er ist unverwundbar.« – »Nicht ganz«, widersprach Hagen. »Ich habe gehört, es gibt eine Stelle an seinem Körper, die nicht mit Panzerhaut überzogen ist. Doch weiß ich nicht wo.« Da drehte König Gunther seinem Onkel Hagen den Rücken zu und schwieg. – »Bedenke meine Worte. Siegfried wird zu mächtig«, sagte Hagen und ging fort.

Hagen ging zu Kriemhild. Diese sah ihn traurig an, »Ach Onkel«, sagte sie, »was soll ich nur tun? Jetzt ist mir auch noch Siegfried gram, weil ich mich mit Brünhild gestritten habe. Was habe ich nur angerichtet. Im Königreich herrscht Zwietracht. Siegfrieds Männer schimpfen auf die Burgunder und die Burgunder auf Siegfrieds Männer. Ich habe Sorge, dass sie gegeneinander kämpfen. Ich habe auch Angst um Siegfried. Nicht, dass er in einen Kampf verwickelt und verletzt wird.« – Da sprach Hagen: »Sorge dich nicht um deinen Siegfried. Er ist doch unverwundbar.« – »Du hast zwar recht«, meinte Kriemhild, »er hat im Blut des Drachen gebadet und dadurch eine Panzerhaut. Doch fiel ein Lindenblatt während des Bades auf seinen Rücken. Dadurch gibt es eine ungeschützte Stelle. Dort kann er tödlich getroffen werden.« – »Ich habe davon gehört«, sagte Hagen listig. »Ich würde deinen Mann schützen, wenn ich nur wüsste, wo die Stelle ist.« – Da sah ihn Kriemhild nachdenklich an. »Ich vertraue dir, denn du bist mein Onkel, der mich von Kindesbeinen an kennt. So höre denn meine Überlegung: Ich nähe ein Kreuz auf die Stelle seiner Kleidung. So weißt du, wo er verwundbar ist, und du kannst ihn beschützen.«

Da verneigte sich Hagen zum Abschied vor der schönen Kriemhild und verließ ihre Gemächer.

Tage vergingen und es herrschte weiterhin Zwietracht am Königshof. Da ließ König Gunther verkünden, er wolle eine Jagd veranstalten, damit wieder Einigkeit herrsche. Die Männer freuten sich und Siegfried insbesondere, konnte er doch seinen Mut und seine Stärke beim Jagen unter Beweis stellen. »Endlich können wir wieder in Freundschaft zusammen sein. Ach, was wird das für eine Lust, das Wild zu jagen und einen guten Braten unter freiem Himmel zu genießen«, sprach der Held. Nur Kriemhild war nicht begeistert. Sie sorgte sich um ihren Mann und bat ihn, auf sich Acht zu geben. Da lachte Siegfried. »Lass uns Männer nur zur Jagd gehen und Freunde sein, so wie du und Brünhild es sein sollten.« – Kriemhild dachte an Hagen, der auf Siegfried aufpassen wollte, und hätte eigentlich beruhigt sein sollen.

Doch in der Nacht zuvor hatte sie einen schlimmen Traum, der sie nicht ruhen ließ. In diesem hat-

te ihr Liebster mit dem Tode gerungen. Nun hatte Kriemhild Angst um ihn. Doch sie lächelte tapfer und nickte Siegfried zu. »Ja, gehe du nur und erfreue dich mit den anderen Männern an der Jagd.«

Nur mit der Freundschaft mit Brünhild war es nicht mehr weit her.

Brünhild hasste nämlich Kriemhild, weil diese Siegfried geheiratet hatte, den Held, den jeder liebte. Und sie hasste Siegfried, weil er ihren Gürtel gestohlen und ihn Kriemhild geschenkt hatte. »Wie konnte ihr Mann, König Gunther, dies alles nur dulden«, fragte sich Königin Brünhild. Sie fühlte sich verraten und ihr Hass wuchs von Tag zu Tag. Sie hatte keinen Freund und keinen Vertrauten. Doch! Einer hielt zu ihr, und zwar Hagen von Tronje. Ihrem zornigen Ausruf »Es gibt nur einen Weg, meine Schmach zu retten: Siegfried muss verschwinden!« wollte er nur zu gerne nachkommen.

Es kam der Tag der Jagd. Der Himmel war blau. Die Vögel sangen fröhlich. Die Jagdhörner erschollen. Da ritt die Jagdgesellschaft frohen Mutes in den Wald. Ach, was war das für eine Freude, über Stock und über Stein hinter dem Wild her zu reiten. Den Wind im Haar, die Sonne im Rücken. Gegen Abend machten sie eine Rast. Am Lagerfeuer drehte sich ein Spieß mit einem Braten. Die Männer saßen und lachten,

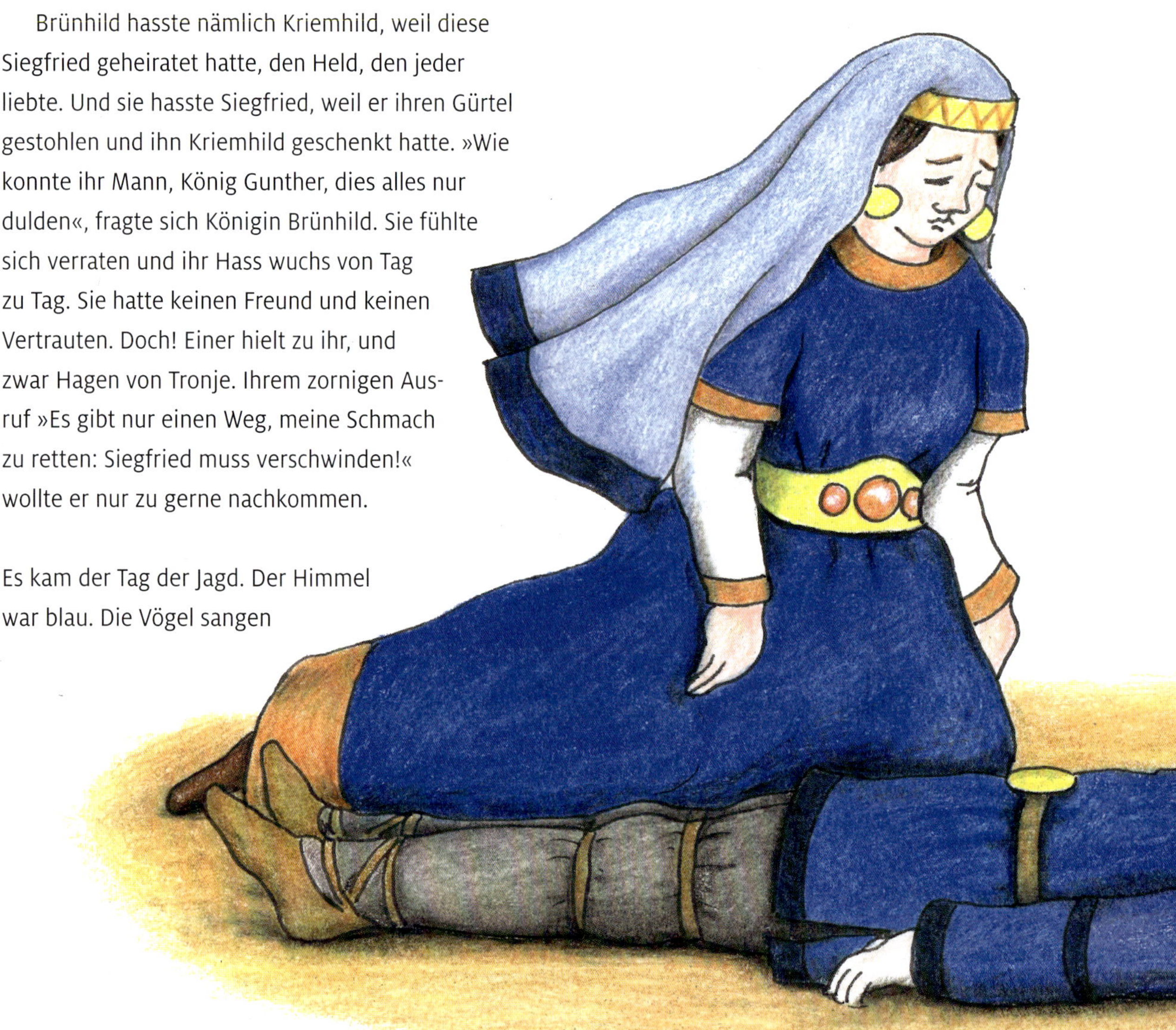

unter ihnen waren auch König Gunther und Hagen von Tronje.

Da erschien Siegfried, der Held. Er war vom Laufen außer Atem. Seine Wangen waren rot. Seine Augen leuchteten. Auf seinen Schultern trug er das erlegte Wild. So stark war Siegfried, dass er ein Wildschwein tragen konnte. »Hier, meine Freunde, bringe ich euch noch weitere Beute. Doch mich plagt der Durst vom vielen Laufen«, rief er aus. »Gebt mir etwas zu trinken!« – »Nicht weit von hier gibt es eine Quelle. Das Wasser ist klar, frisch und rein. Dort können wir unseren Durst stillen. Hagen von Tronje kennt den Ort. Er wird ihn dir zeigen«, sagte König Gunther. Da rief Siegfried voller Übermut: »Lasst uns ein Wettrennen veranstalten! Wer als Erster an der Quelle, ist hat gewonnen.«

Der Vorschlag wurde angenommen.

Hagen aber nickte König Gunther unmerklich zu. Er hatte Böses im Sinn.

Alle rannten los. Natürlich war Siegfried als Erster an der Quelle. Er legte seine Jagdwaffen ab und kniete durstig nieder, um vom kühlen Nass zu trinken. Unbemerkt tauchte Hagen auf. Er versteckte sich hinter einem Baum. Von dort sah er das Kreuz, das Kriemhild auf Siegfrieds Kleidung aufgenäht hatte. Hagen nahm seinen Speer und zielte.

Der Speer traf. Siegfried wankte. Er sah sich um und bemerkte Hagen. Unbändiger Zorn erfüllte ihn. »Warum hast du das getan?« – »Du bist zu mächtig, Siegfried von Xanten. Du bist für uns eine Gefahr«, antwortete Hagen. – »Deine Tat soll bitter gerächt werden!«, rief Siegfried und stürzte sich auf Hagen. Doch der Speer hatte Siegfried tödlich verwundet. Bevor er seinen Mörder erreichen konnte, fiel er zu Boden.

»Kriemhild, meine Liebste«, waren seine letzten Worte. Dann war Siegfried von Xanten tot.

Alberinchen:

Oh nein, was hat Hagen nur getan? Siegfried ist tot! – Eigentlich kenne ich doch die Geschichte. Doch bin ich jedes Mal an dieser Stelle vollkommen traurig. Wie geht es denn nun weiter?

Erzählung:

Da tauchte König Gunther mit seinen Männern auf. »Du hast es getan, Hagen«, sagte er. »Wehe uns! Wie soll ich es meiner lieben Schwester Kriemhild beibringen? – Am besten sagen wir, Räuber hätten Siegfried überfallen, um von dir, Onkel, abzulenken.« Hagen aber schüttelte den Kopf. »Das braucht ihr nicht. Ich stehe zu meiner Tat. Siegfried musste sterben. Ich habe es aus Treue zu meinem

König und meiner Königin und aus Liebe zum Königreich getan.«

Noch in der selben Nacht brachte die Jagdgesellschaft mit vor Trauer gesenkten Köpfen Siegfried zum Königshof zurück und legten ihn in einem dunklen Burggang nieder. Niemand bemerkte sie dabei.

Am nächsten Morgen wollte Kriemhild zur Kirche gehen, wie an jedem Tag. Da hörte sie verschreckte Rufe vor ihrer Kammer. Ihre Dienerin trat herein. »Herrin, vor deiner Tür liegt ein toter Ritter in seinem Blut. Ich weiß nicht, wer er ist. Ich habe ihn nicht erkannt, es ist zu dunkel.«

Da wurde Kriemhild bleich. Voll böser Ahnung stürzte sie auf den Gang. »Oh Siegfried, mein Geliebter, was hat man dir getan?«, schrie sie voller Trauer, um dann zu flüstern: »Das war Hagen – und Gunther hat es geduldet.« Dann brach sie ohnmächtig zusammen.

Ein Wehklagen ging durch die ganze Burg. Krank vor Trauer lag Kriemhild in ihrem Bett. Wie sollte sie ohne Siegfried leben? Nur schwer erholte sie sich.

Der Leichnam Siegfrieds wurde im Dom zu Worms aufgebahrt. Ein langer Zug von Trauernden erwies dem Helden die letzte Ehre.

Bleich und starr wie eine Statue stand die trauernde Witwe neben der Bahre. Da traten König Gunther und Hagen von Tronje hervor, um sich vor dem Leichnam zu verneigen. Kriemhild aber stellte sich ihnen in den Weg. »Wagt es nicht, ihn auch nur anzuschauen. Ihr beide habt seinen Tod verursacht«, sagte sie mit schneidender Stimme. – »Aber Schwester, was hast du nur? Ich habe Siegfried auch geliebt. Er war mein Freund. Ich bin nicht schuld an seinem Tod«, sagte Gunther. Nur Hagen schwieg und sah Kriemhild mit kaltem Blick an. Auf einmal öffnete sich die Wunde Siegfrieds. Der Leichnam blutete! Ein Raunen ging durch die Menge. Da rief Kriemhild mit lauter Stimme: »Dies ist ein Zeichen des Himmels und der Beweis: Gunther, du hast gelogen. Ihr seid beide schuldig. Ich bin mir sicher, Hagen, du hast ihn mit eigener Hand getötet. Und du, mein Bruder, hast seinen Tod geduldet. Ihr seid beide Mörder. Und euch hatte ich vertraut. – Nun hört, was ich zu sagen habe: Nie werde ich euch verzeihen. Meine Rache für diese schändliche Tat wird euch bis an euer Lebensende verfolgen.«

Da drehten sich Gunther und Hagen um und verließen die Kirche.

Wie sehr Kriemhilds letzte Worte sich bewahrheiten sollten, wusste damals noch niemand.

Nach der Beerdigung trauerte die junge Witwe drei Tage und Nächte an Siegfrieds Grab. Sie aß, trank und schlief nicht und war einer Ohnmacht nahe. Auch Siegfrieds Eltern trauerten. Der Zorn auf die

Burgunder hatte König Siegmund derart gepackt, dass er seine Ritter zusammenzog. Er gab König Gunther die Schuld am Tod seines Sohnes und wollte gegen ihn in den Kampf ziehen. Es war Kriemhild, die ihn zurückhielt. Sie liebte Siegfrieds Vater, als wäre er ihr eigener. »Halte ein, kämpfe nicht! Du wirst nicht gewinnen können. Das Heer der Burgunder ist zu stark«, sagte sie. – »Dann komm mit uns nach Xanten. Dir wird es dort an nichts fehlen. Hier in Worms wirst du doch nur ständig an Siegfrieds Tod erinnert. Und hier leben seine Mörder«, bat König Siegmund.

Das überlegte sich Kriemhild. Doch als Siegfrieds Familie abreiste, blieb Kriemhild in Burgund. Worms war trotz allem ihr Zuhause. Hier war sie geboren, und hier lag ihr geliebter Siegfried begraben. Nur mit ihrem Bruder Gunther wollte sie kein Wort mehr wechseln. Und sie hasste Hagen von Tronje abgrundtief.

Sie ließ sich ein eigenes Haus bauen und lebte dort ganz zurückgezogen. Kriemhild tat nichts, als zur Kirche und zum Grab zu gehen. So vergingen die Jahre.

Alberinchen:

Oh je! Ich bin wütend, wenn ich nur den Namen »Hagen von Tronje« höre und mir läuft auch ein kalter Schauer, über den Rücken. Brrrr! Wer ist dieser Hagen eigentlich?

Wer war Hagen von Tronje?

Eine historische Person mit dem Namen *Hagen von Tronje* existierte wohl nicht. Zwar haben Experten versucht, Erklärungen zu finden, doch alle Herleitungen sind vage oder unwahrscheinlich.

Im Nibelungenlied ist Hagen die Person, die in unverbrüchlicher Treue zu den Burgundern hält. Hagen versucht mit allen Mitteln das Königreich vor dem Untergang zu bewahren. Dabei nimmt er sogar den Tod von Siegfried und später auch von anderen Menschen in Kauf. Auch die Gier nach dem Gold der Nibelungen treibt ihn an. So verstrickt er sich immer weiter in dunkle Machenschaften. Er wirkt finster und ängstigt durch seine Gewalttaten seine Umwelt und die Zuhörer der Geschichte.

Erzählung:

Eines Tages erinnerte sich Kriemhild an den Schatz der Nibelungen, den sie nach dem Tod ihres Mannes geerbt hatte. Wie viel Gutes man doch mit dem Gold tun könnte: es den Armen geben, ein neues Kloster bauen, in dem auch Kranke und Alte versorgt werden würden, und jeden Tag eine Messe für ihren verstorbenen Siegfried lesen lassen.

Also sandte sie nach ihren beiden Brüdern Gernot und Giselher, um mit ihnen über den Schatz zu sprechen. Die beiden boten sich an, ins Reich der Nibelungen zu reisen. Dort wollten sie den Zwergenkönig Alberich treffen. Zum Abschied umarmte Giselher seine Schwester und meinte: »Liebste Schwester, tue mir einen Gefallen. Versöhne dich wieder mit unserem Bruder Gunther. Drei Jahre sind nun seit dem Tod Siegfrieds vergangen. König Gunther vermisst dich. Sprich wieder mit ihm.«

Da gab Kriemhild nach und versöhnte sich mit König Gunther. Mit Hagen von Tronje aber wollte sie nie wieder ein Wort sprechen.

Hagen scherte sich nicht um Kriemhild. Mit Genugtuung hörte er, dass der Schatz der Nibelungen nach Worms gebracht werden sollte. »Wenn er erst einmal hier ist«, sagte er zu König Gunther, »werden wir noch reicher sein als zuvor.« – »Der Schatz gehört uns nicht. Er gehört Kriemhild«, meinte Gunther. – »Sie ist nur eine Frau. Wir werden für deine Schwester den Schatz verwalten«, erwiderte Hagen. Doch König Gunther schüttelte den Kopf. »Nein, das werden wir nicht tun. – Ich werde meine Schwester unterstützen. Sie hat lange genug gelitten. Der Schatz gehört ihr.«

Gernot und Giselher machten sich währenddessen auf den Weg. Sie reisten hoch in den Norden. In einer tiefen Höhle inmitten eines Waldes bewachte Alberich gemeinsam mit den Nibelungen den unermesslich großen Schatz. Noch nie hatten Gernot und Giselher so viel Gold, Silber und Edelsteine auf einem Haufen gesehen. Dabei waren auch die Burgunder wahrlich nicht arm.

Alberich gab den Schatz nicht gerne her. Doch war er nur sein Hüter. Sein Freund Siegfried lebte nicht mehr. Nun gehörte der Schatz Kriemhild. Dennoch mahnte er die beiden königlichen Brüder: »Es wäre besser, all das Gold bliebe tief im Fels verborgen. Die Menschen sind voller Gier. Die Kostbarkeiten werden den Burgundern nichts Gutes bringen.« Doch dann gab er den Nibelungen einen Wink, und alles wurde aus der Höhle getra-

gen. Man brauchte zwölf große Fuhrwerke, um den Reichtum nach Worms zu bringen.

Kriemhild gab nun den Armen mit vollen Händen. Schon bald war sie als mildtätige Witwe über die Landesgrenzen hinaus bekannt. Auch manche Ritter kamen, um die Großzügige zu preisen. Sie wurden von ihr reich belohnt.

Hagen sah dies mit finsterem Blick. »Wenn deine Schwester so weitermacht«, sagte er zu Gunther, »wird sie bald eine Armee an Rittern haben. Ich habe Sorge, dass sie dann an uns Rache nehmen wird. Denke an ihre Worte an Siegfrieds Grab.« – »Was aber willst du dagegen tun?«, fragte König Gunther. – »Du solltest ihr den Schatz wegnehmen. – »Nein!«, rief Gunther. – »Dann werde ich es tun. Ich werde alles sicher verwahren. So kann Kriemhild kein Unheil anrichten«, sagte Hagen. Und er hatte auch schon einen Plan.

Einige Tage später sah man König Gunther, Gernot und Giselher mit vielen stolzen Rittern die Burg verlassen und in den Wald zur Jagd reiten. Nur Hagen von Tronje blieb zurück. Kriemhild war mit ihren Damen alleine. Da ging Hagen in die Burg zur Schatzkammer. Das Gold funkelte verheißungsvoll hinter starken Gitterstäben. Hagen schloss das Tor auf. – »Was hast du vor, Hagen von Tronje?«, hörte er eine Stimme. Der Zwergenkönig Alberich, der als Hüter des Schatzes zu Kriemhild nach Worms gezogen war, trat ihm in den Weg. – »Ich werde den Schatz an einen sicheren Ort bringen«, sagte Hagen und hob eine Truhe mit Goldstücken an. – »Das darfst du nicht. Er gehört dir nicht.« – »Willst du mich daran hindern?«, lachte der starke Hagen höhnisch. Er schnappte sich Alberich, fesselte und knebelte ihn. Ach, hätte der arme Alberich doch noch seine Tarnkappe besessen. Er hätte die Kraft von zehn Männern gehabt. So musste er hilflos mitansehen, wie Hagen eigenhändig das viele Gold auf ein Fuhrwerk verlud. Zwölfmal fuhr Hagen an das Ufer des Rheins, bis die kostbare Fracht dort abgeladen war. Keiner war vor Ort, um ihn daran zu hindern, und die edlen Damen bekamen es nicht mit. Einen kleinen Rest ließ der starker Tronjer in der Schatzkammer. »Damit die edle Kriemhild nicht verhungern muss«, lachte Hagen. Der hilflose Alberich schaute ihn finster an.

Aber Hagens Werk war noch nicht vollbracht. Mithilfe eines Schiffs fuhr er entschlossen den Schatz auf den Rhein hinaus. Die Strömung des Flusses war stark. Das schwere Boot schaukelte. Da fand Hagen eine Stelle, an der das Wasser ruhiger floss. Dort übergab er die kostbare Fracht dem Rhein. Gold, Silber und Edelsteine glitzerten im Wasser und versanken in dunkler Tiefe. »So weiß nur ich, wo der Hort begraben liegt, und keiner wird sich an ihm vergreifen«, sprach Hagen zu sich selbst. Dann fuhr er zurück zur Burg.

So kam es, dass Kriemhild durch Hagen von Tronje nicht nur ihren geliebten Siegfried, sondern auch den Schatz der Nibelungen verlor.

Wieder vergingen viele Jahre. Um die schöne Kriemhild wurde es einsam....

Alberinchen:
Moment mal! Was ist denn eigentlich mit meinem Urahn geschehen? Liegt Alberich noch immer gefesselt und geknebelt in der Schatzkammer? Und Kriemhilds Brüder, haben die den Diebstahl einfach so akzeptiert?
Oh, ich vergaß. Nun, Hagen behielt das Geheimnis des Ortes, an dem der Schatz versunken war, für sich und keiner konnte es ihm entlocken.
Gunther und seine beiden königlichen Brüder waren zunächst entsetzt über Hagens Tat. Doch nach einiger Zeit verziehen sie ihm. Der Zwergenkönig Alberich musste nicht lange in seiner misslichen Lage ausharren. Er wurde befreit. Danach blieb er bei Kriemhild, um ihr als Berater beizustehen.

Alberinchen: *Wenigstens hat Kriemhild noch einige Freunde, die sie trösten können. Die Arme! Den Siegfried hatte sie verloren und jetzt auch noch den Schatz. Ein paar wertvolle Stücke sind ihr dann aber doch geblieben.*

Manchmal finden ja die Menschen auch heutzutage noch Geldmünzen. Ob die aus dem Schatz stammen? Wer weiß...

Der Schatz der Nibelungen

Ob es den Schatz wirklich gab und er noch irgendwo vergraben liegt?

In der Zeit der Völkerwanderung waren viele Menschen unterwegs, manche auf der Suche nach einer neuen Heimat, andere auf der Flucht vor Krieg und Verfolgung. Die Menschen nahmen ihr Hab und Gut mit. Darunter waren auch kostbare Gegenstände wie Schmuck und Münzen. Die Zeiten waren gefährlich. Immer wieder wurden die Reisenden überfallen, ausgeraubt und auch getötet. Ihr Besitz wechselte den Eigentümer.

Auch Bewohner am Rande des des Römischen Reiches waren nicht sicher. Gerade das Gebiet am Rhein war heiß umkämpft. Manch wohlhabender Großgrundbesitzer einer Villa Rustica, also eines römischen Landhauses, musste sich vor Überfällen germanischer Räuberbanden fürchten. Die Menschen führten ihre Wertsachen entweder mit sich oder versteckten ihre Kostbarkeiten. Sie vergruben sie an nur ihnen bekannten Stellen, um sie später wieder hervorzuholen. Mitunter aber schlug das Schicksal grausam zu. Und bevor der Besitzer seinen »Schatz« wieder heben konnte, lagen seine Gebeine in einem Grab oder vermoderten auf freiem Feld. Über die Jahrhunderte wurden einige dieser »Schätze« wiederentdeckt. Bis in unsere Tage finden sich daher immer wieder kostbare Gegenstände aus der Zeit der Völkerwanderung. Vielleicht ist auch dadurch die Sage von einem »Schatz der Nibelungen« entstanden.

Ein kleiner Exkurs über Zwerge:

Alberich, der König der Zwerge und Hüter des Schatzes, gehört zu einem großen Volk kleiner Gesellen.

Sagen wir mal so: In grauer Vorzeit, so berichten es nordische Sagen, haben Zwerge dem Gott des Donners mit Namen Thor dessen berühmten Hammer geschmiedet. Diese kleinwüchsigen Wesen sind Meister der Schmiedekunst. Ihr Reich liegt im Innern der Berge. Dort bauen sie Edelsteine und Erze ab, um daraus wahre Kunstschätze herzustellen. Eigentlich sind Zwerge gutmütig. Doch darf man sie nicht ärgern, denn ihr Zorn kann furchtbar sein. Dann wenden sie nämlich, um sich zu rächen, nicht nur ihre eigene Kraft an, sondern nutzen auch noch Zaubermittel, wie Tarnkappen oder -netze, die unsichtbar machen, oder Gürtel, die die Kraft von zehn Männern besitzen. Als freundliche Wesen sind sie dagegen durchaus hilfsbereit.

Nur mit der Habgier der Menschen haben Zwerge große Probleme. So warnt Alberich vor dem Besitz des sagenhaft großen Nibelungenschatzes. Doch die Warnung bleibt unbeachtet, und so nimmt die Tragödie ihren Lauf.

Erzählung:

Viele Jahre waren ins Land gezogen. Da tauchte eines Tages ein Heer von Reitern vor den Burgtoren von Worms auf. Voran ritt ein stattlicher Krieger mit seinen Rittern. In seinem Gefolge waren auch fremdländisch wirkende Reiter. Sie saßen auf kleinen Pferden und beherrschten eine Reitkunst, wie man sie im Burgunderland noch nie gesehen hatte. Sie jagten mal vor, mal zurück über das freie Feld.

Hagen von Tronje beobachtete sie von den Burgzinnen aus. »Das sind Reiter aus dem Reich der Hunnen. Den edlen Ritter vorweg kenne ich auch«, sagte er zu Gunther. »Es ist mein alter Freund Markgraf Rüdiger. In unserer Jugend waren wir gemeinsam an Etzels Königshof.« – »Dann wollen wir ihn begrüßen«, sprach König Gunther.

Bald darauf trat Markgraf Rüdiger in den Burghof, wo er ehrenvoll empfangen wurde. Hagen trat erfreut auf ihn zu. »Was verschafft uns die Ehre deines Besuchs, guter Freund?« – »Hagen

von Tronje, mein alter Gefährte, ich schicke Grüße aus dem Reich der Hunnen. Etzel, mein König, hat mich entsandt. Bis vor Kurzem trauerte er um seine verstorbene Ehefrau. Doch nun will er sich erneut vermählen. Die Schönheit und Güte Königin Kriemhilds ist auch ihm zu Ohren gekommen. Daher bittet er um ihre Hand.«

König Gunther blickte erfreut auf den Überbringer dieser Botschaft. »Das wäre für meine Schwester eine überaus große Ehre. Doch müssen wir sie fragen, wie sie zu dem Angebot steht.« – Da verneigte sich der edle Mann und ging zu Kriemhild. Doch diese sprach: »Sagt dem mächtigen König Etzel meinen Dank. Aber ich kann ihn nicht heiraten. Ich trauere immer noch um meinen geliebten Siegfried. Wie könnte ich da dem Hunnenkönig eine gute Ehefrau werden?«

Markgraf Rüdiger nickte verständnisvoll, bat aber Kriemhild, das Angebot zu überdenken. Er wolle ihr hierfür eine Woche Zeit geben.

Nachdem Markgraf Rüdiger gegangen war trat der Zwergenkönig Alberich zu Kriemhild.

»Edle Frau Kriemhild, ich weiß, du trauerst noch immer um Siegfried. Er war auch mein Freund und ich verstehe deinen Schmerz. Doch bedenke, wie viel Gutes du tun könntest. Als Königin an der Seite Etzels wärst du die reichste Frau der Welt.« – Da wurde die edle Kriemhild nachdenklich, und sie dachte, dass sie mit Etzels Reichtum nicht nur Gutes tun, sondern auch endlich Rache an Hagen von Tronje nehmen könnte.

Daran dachte auch der stolze Hagen. Er sagte zu König Gunther: »Es wäre nicht gut, wenn deine Schwester König Etzel heiratete. Dann könnte sie nämlich ihre Rachegelüste in die Tat umsetzen.« – Da rief König Gunther: »Haben wir meiner Schwester nicht schon genug Leid angetan? Soll sie doch endlich ihr Glück finden! Außerdem, wenn sie König Etzel heiratet, wohnt sie weit weg von hier. Dann wird sie für uns keine Gefahr mehr sein.« – Hagen schwieg. Aber er dachte bei sich: »Wenn Kriemhild den König der Hunnen ehelicht, wird sie die reichste Frau der Welt sein und Macht über ein gewaltiges Heer haben. Das wäre nicht gut.« Doch er sagte es nicht laut.

Nach einer Woche trat Rüdiger erneut vor Kriemhild. »Nun meine liebe Königin, hast du eine Antwort an Etzel?« – »Ja, das habe ich. Doch gibt es noch ein Problem. Wie kann ich die Frau eines Heiden werden, wo ich doch Christin bin?« – »Wenn das ein Problem sein soll, so kann ich dich beruhigen. Viele Christen wohnen am Hof König Etzels. Du wirst dort Beistand finden. Bedenke auch deinen guten Einfluss auf den König. Vielleicht wird sich Etzel eines Tages sogar taufen lassen.« – »Dann, Herr Rüdiger, nehme ich sein Angebot an.«

Und so kam es, dass wenige Wochen später ein großer Zug edler Ritter und schöner Hofdamen im Gefolge der holden Kriemhild in das Hunnenland reiste.

Alberinchen: *Ach, endlich kann Kriemhild wieder glücklich werden! Aber irgendwie finde ich es merkwürdig, dass sie einen Mann heiratet, den sie gar nicht kennt. Sie weiß nicht, wie König Etzel aussieht. Nicht einmal ein Bild hat sie von ihm. Kriemhild kennt ihn nur vom Hörensagen – und da hat sie einiges vernommen…*

Wer war König Etzel?

Mit dem Hunnenkönig des Nibelungenlieds ist wohl Attila gemeint. Dieser herrschte im fünften Jahrhundert nach Christus über das Hunnenreich und verbreitete in Europa Angst und Schrecken. Seine kampferprobten Reiter waren gefürchtet, konnten sie doch vom Pferd aus im wilden Galopp ihre Pfeile treffsicher in Richtung der Feinde schicken.

Das Kernreich der Hunnen erstreckte sich unter anderem über das heutige Tschechien, die Slowakei, Ungarn und Rumänien bis zum Schwarzen Meer. Attilas Hauptgegner waren die Römer. Das römische Weltreich bestand damals aus zwei Teilen: dem Weströmischen Reich mit Rom als Hauptstadt und dem Oströmischen Reich mit

Konstantinopel als Regierungssitz. Immer wieder fiel Attila mit seinem Heer in das Reich der Römer ein. Um weitere Verluste zu verhindern, zahlten die Römer regelmäßig Tribut, also Geld, an den Hunnenführer. Zu Attilas Lebzeiten hatten die Römer viele Feinde. Auch das Volk der Burgunder kämpfte gegen die römische Herrschaft. Daraufhin holten sich die Römer militärische Unterstützung beim Hunnenkönig. Attila verstand es, seinen Vorteil aus der Situation zu ziehen. So siegte er im Jahr 451 in einer großen Schlacht auf den Katalaunischen Feldern über die Burgunder und konnte dadurch seine eigene Macht erweitern.

Im Nibelungenlied ist der hunnische König eher friedfertig. Fast teilnahmslos schaut er in seiner eigenen Burg dem Untergang der Burgunder zu. In diesem Punkt hat Etzel mit dem historischen, sehr kriegerischen Attila nichts gemein.

WUSSTEST DU SCHON,

dass um Attilas Tod eine Legende entstand?
Attilas letzte Frau hieß Ildicó und war wahrscheinlich eine germanische Prinzessin. Wie auch im Nibelungenlied war Attila mehrmals verheiratet und ehelichte mit Ildicó eine wesentlich jüngere Frau, deren Schönheit allgemein gepriesen wurde. Doch damit hören dann auch die Gemeinsamkeiten mit dem Lied auf. Die Hunnen waren ein trink- und feierfreudiges Volk, das während einer Hochzeit gerne über die Stränge schlug, erst recht bei einer königlichen Feier. Ob nun Attila während seines Hochzeitmahls zu tief ins Glas geschaut hatte und betrunken einen Blutsturz erlitt oder der Anblick seiner hübschen Braut ihn zu sehr in übermäßige Begeisterung versetzte, wissen wir heute nicht mehr. Fest steht, dass Attila die Hochzeitsnacht nicht überlebte. Am nächsten Morgen fand man die verstörte junge Gemahlin neben dem toten Hunnenkönig. Es ging schnell das Gerücht um, die junge Braut habe eigenhändig ihren Ehemann ermordet.
Vielleicht hat der Autor des Nibelungenlieds dieses Gerücht gekannt und Ildicó in Gestalt der Kriemhild in seine Geschichte eingeflochten. Aber statt ihren Ehemann zu töten, lässt Kriemhild im Lied ihre eigene Familie ermorden. Die tatsächlichen Umstände um den Tod des Hunnenführers sind bis heute nicht geklärt und werden wohl ein ewiges Geheimnis bleiben. Durch Attilas Führung konnten die Hunnen ihr Reich enorm vergrößern. Nach dessen Tod aber fiel es bald in sich zusammen.

CHRISTENGLAUBE – HEIDENTUM

In den ersten Jahrhunderten unserer Zeitrechnung gab es in Europa noch unterschiedliche Religionen. Die meisten Menschen glaubten an die Existenz vieler Götter. Dagegen war der Glaube an den Einen Gott, wie es das Judentum und das Christentum und später der Islam vorgaben, noch in der Minderheit. Nachdem der römische Kaiser Konstantin Ende des

4. Jahrhunderts damit begonnen hatte, die Erhebung des Christentums zur Staatsreligion einzuleiten, verbreitete sich der Glaube an den Einen Gott in der spätantiken Welt, so auch auch im Gebiet am Rhein zwischen Xanten und Worms. Schließlich verdrängte das Christentum andere Religionen immer mehr. Menschen und Kulturen wie beispielsweise die Germanen, die an die Existenz vieler Götter glaubten, wurden von der christlichen Kirche als Heiden bezeichnet. Die anderen Glaubensrichtungen wurden zum Teil mit brachialer Gewalt ausgemerzt, bis am Ende nur noch das Christentum übrig blieb.

Zur Zeit, in der das Nibelungenlied niedergeschrieben wurde, war der christliche Glaube längst in weiten Teilen Europas vorherrschend.

Erzählung:

Die edle Gesellschaft reiste mit Kriemhild viele Wochen durch ein unbekanntes Land. Sie überquerten Flüsse und zogen durch dunkle Wälder. Schließlich sah man in der Ferne hohe Berge. Schneeweiß glänzten die Gipfel in der Sonne. Die Königin hatte noch nie ein so hohes Gebirge gesehen und sie kam aus dem Staunen nicht mehr heraus.

In einem breiten Tal zwischen felsigen Bergen lag eine stolze Burg. Es war die Festung des Markgrafen Rüdiger. Dort machten sie eine längere Pause, denn Menschen und Tiere waren müde. Die Reisegesellschaft wurde von Rüdigers Tochter aufs Beste bewirtet. Doch schon bald drang die Kunde an ihr Ohr, König Etzel sei ihnen entgegengeeilt. So drängte Markgraf Rüdiger zum Aufbruch.

In Wien trafen sich König Etzel und Kriemhild das erste Mal. Der Hunnenkönig war sehr erfreut, in Kriemhild eine so schöne und liebreizende zukünftige Gemahlin zu sehen. Auch Kriemhild war aufs Angenehmste überrascht, hatte sie doch geglaubt, König Etzel sei ein Barbar. Nun sah sie sich einem kultivierten, stattlichen Herrn gegenüber. Schon bald wurde die Hochzeit begangen. Die Feier dauerte siebzehn Tage. Während der ganzen Zeit gab es Ritterturniere und üppig zu essen für jedermann. Fahrendes Volk und Sänger waren zugegen, und so verbreitete sich die Kunde von der Hochzeit bis über die Landesgrenze hinaus. Schließlich reiste das Brautpaar zur Etzelburg, der gewaltigen Festung des Hunnenkönigs, ihrer zukünftigen Wohnstätte. Auch dort wurde Kriemhild herzlich empfangen. Alle priesen ihre Schönheit und Mildtätigkeit. Schon bald hatte sie das Herz ihres neuen Volkes erobert.

So lebte Kriemhild sieben Jahre an der Seite Etzels. In dieser Zeit gebar sie ihm einen Sohn, der auf den Namen Ortlieb getauft wurde.

Alberinchen: *Jetzt müsste es doch spätestens heißen »so lebten sie denn glücklich bis an ihr Lebensende«, aber leider, leider ist Kriemhild ein wenig nachtragend. Na ja, was heißt hier ›nachtragend‹? Schließlich hatte man ihr in der Vergangenheit übel mitgespielt. Das schreit nach Rache. So empfindet es zumindest Kriemhild.*
Oh je, schlimm wird's enden. Ganz schlimm, ganz schlimm...

Reisen in früheren Zeiten

Im Nibelungenlied reisen die Burgunder von Worms bis zur Etzelburg. Dabei überqueren sie den Rhein und die Donau. Sie ziehen an den Ausläufern der Alpen vorbei, kommen sogar nach Wien, wo die Hochzeit zwischen Kriemhild und Etzel stattfindet, um danach in das Land der Hunnen zu reisen. Wo genau die Etzelburg gelegen haben soll, wird im Lied jedoch nicht erwähnt.

Doch nähmen wir an, die Etzelburg hätte sich in Budapest, der heutigen ungarischen Hauptstadt, befunden, so hätten die Burgunder eine Strecke von ungefähr 930 Kilometer zurückgelegt. Das ist auch heute noch ein weiter Weg. Doch besitzen wir ganz andere Verkehrsmittel, und so könnten wir mit dem

Auto diese Strecke bequem in zwei Tagen bewältigen. In früheren Zeiten jedoch bedurfte es vieler Wochen, um von Worms zu diesem Endziel zu gelangen.

Das Reisen war damals grundsätzlich gefährlich. Niemand wollte allein unterwegs sein, denn Wegelagerer trachteten den Reisenden nach deren Besitz und letztendlich nach dem Leben. So schloss man sich zu größeren Reisegruppen zusammen. Reisegruppen durchquerten Landschaften, in denen wilde Raubtiere lebten. Auch mussten sie Flüsse passieren. Brücken waren eher selten vorzufinden. Sie zu überqueren kostete zudem auch noch Geld. Also suchten sich die Menschen seichte Stellen, sogenannte Furten, um den Fluss zu durchwaten. Natürlich existierten auch Flöße. Doch auch diese waren kostspielig. Das ›bequemere‹ Reisen zu Pferd konnten sich nur wenige reiche Menschen leisten. Die meisten Reisenden gingen daher zu Fuß.

Die Burgunder aus dem Nibelungenlied sind königlicher Abstammung. Daher reisen sie zu Pferd, samt ihrem Gefolge. In einer größeren Gruppe ist man natürlich noch langsamer unterwegs, da man auf viele Menschen Rücksicht nehmen muss. Würden wir heute von Worms nach Budapest zu Fuß unterwegs sein, wären wir ohne Pause an die 190 Stunden unterwegs. Das ist natürlich nicht möglich. Wenn wir nun pro Tag sportliche zwanzig Kilometer bergauf und bergab laufen würden, wären wir an die 47 Tage ununterbrochen unterwegs – und das bei Wind und Wetter. Mit diesem Rechenbeispiel kann man ein wenig die enorme Leistung früherer Reisender nachvollziehen.

Erzählung:

Eigentlich hätte Kriemhild glücklich sein können. Doch immer wieder dachte sie an ihre alte Heimat und vor allem an die Ermordung Siegfrieds. Dann fiel ihr in rasendem Zorn ein Name ein: Hagen von Tronje.

Der Mord musste gerächt werden. Und nun hatte sie die Macht dazu.

Eines Tages sagte sie zu König Etzel: »Mein lieber Gemahl, ich fühle mich wohl an deiner Seite, denn du tust alles, um mich glücklich zu machen. Doch ist es schon lange her, dass ich meine Liebsten aus Worms sah. Mich plagt das Heimweh.« – König Etzel sah Kriemhild an und lächelte. »Dann lade doch deine Familie ein. König Gunther und deine anderen Brüder sind jederzeit willkommen. Sie kennen doch auch unseren Sohn noch nicht. Wir wollen hier mit den Burgundern ein Fest feiern.« – Da lächelte Kriemhild, doch waren in ihrem Herzen dabei finstere Gedanken.

Wieder zog Markgraf Rüdiger los, um in Worms eine frohe Botschaft zu überbringen. Kriemhilds Brüder freuten sich.

»So geht es unserer Schwester gut, und sie ist uns nicht mehr gram?«, fragte König Gunther den Markgrafen. – »Dass sie euch gram ist, davon weiß ich nichts. Sie liebt euch und wünscht sich von ganzem Herzen, euch alle wiederzusehen.« – »Ich denke nicht, dass Kriemhild mich sehen möchte«, sagte Hagen mit finsterem Blick. – »Doch, auch dich, Hagen von Tronje, hat meine Königin herzlich eingeladen. Du kannst ihr diesen Wunsch nicht abschlagen, ohne sie zu verärgern«, antwortete Rüdiger. Da nickten alle zustimmend, und Gieselher rief aus: »So viele Jahre sind vergangen, seit ich meine liebe Schwester zuletzt gesehen habe. Wir sollten alle die Vergangenheit ruhen lassen und uns über die Einladung freuen. Ich jedenfalls nehme sie frohen Herzens an.« – »Wir wollen hoffen, dass wir nicht in unser eigenes Verderben rennen. Ich habe kein gutes Gefühl dabei, zur Etzelburg zu reisen«, erwiderte Hagen scharf. Doch die anderen schüttelten nur den Kopf. König Gunther meinte: »Du kannst ja hier bleiben. Aber ich glaube, es macht keinen guten Eindruck, wenn ein starker Ritter Angst vor einem schwachen Weib hat.« – Da rief Hagen voller Zorn: »So werde ich denn mitkommen. Doch ihr werdet alle an meine Worte denken.«

Die Reise wurde vorbereitet.

Wenige Tage später sahen die Bewohner von Worms die königlichen Brüder in Begleitung etlicher bewaffneter Reiter zum Stadttor hinaus traben.

Die edle Gesellschaft war erst kurz unterwegs, da rief einer aus der Gefolgschaft: »Mein König, dort steht die Königin!« – Am Wegesrand stand eine weibliche Gestalt. Es war Brünhild. Viele Jahre hatte sie still an der Seite König Gunthers gelebt. Sie hatte sich seit dem furchtbaren Streit mit Königin Kriemhild zurückgezogen und wurde kaum noch gesehen.

Königin Brünhild trat auf ihren Gemahl zu. »Ich hatte einen Traum«, sagte sie mit hohler Stimme. »Dort sah ich Blut und Verderben. – Ihr reitet alle in den Tod.«

König Gunther erschrak. Dann sagte er: »Könnt ihr Frauen nicht einmal Ruhe geben?

Was faselst du da? Geh nach Hause und warte dort auf unsere Heimkehr.«

Dann zog die Gesellschaft an Königin Brünhild vorbei. Es war das letzte Mal, dass sie einander sahen.

Ach, hätte König Gunther doch nur auf die Worte seiner Gemahlin Acht gegeben. Wie viel Leid hätte den Burgundern erspart werden können!
Die Reise währte lang. Man überquerte den Rhein, zog durch dunkle Wälder und offene Felder bis zu einem anderen großen Fluss, der Donau. Es gab aber keine Brücke. Wie sollten sie ihn nur überqueren? Da machte sich Hagen auf die Suche nach einem geeigneten Übergang. Als er eine Zeitlang am Ufer entlang geritten war, hörte er Gelächter. Er stieg vom Pferd und trat näher. Da sah er drei hübsche Frauen im Wasser baden. Sie erschraken, als sie den stattlichen Ritter sahen.

»Hört, ihr Weiber, kennt ihr eine Stelle, an der ich mit meinem König über die Donau gelange?« – Die Älteste erkannte den stolzen Ritter. »Du bist Hagen von Tronje«, sagte sie. Ihre Augen funkelten. »Du kehrst besser um, bevor es zu spät ist. Aber um deine Frage zu beantworten: dort vorne, hinter den Bäumen, wohnt ein Fährmann. Er besitzt ein Boot. Er wird euch aber nicht hinüberfahren, denn er ist ein Feind der Burgunder. Doch selbst wenn ihr hinübergelangen solltet, wird keiner von euch je wieder zurückkehren. Bis auf einen von euch – ein Mann Gottes.« – »Woher kennst du meinen Namen?«, fragte Hagen. »Und was redest du für einen Unsinn?« Doch bevor er eine Antwort erhielt, schwammen die Frauen kichernd davon. Da bemerkte Hagen ihre glitzernden Fischleiber und erkannte, dass er mit Wassernixen gesprochen hatte. Und diese können bekanntlich die Zukunft voraussagen.

Hagen fand den Fährmann. Er zog seinen Mantel fest zu, um sein Wappen zu verbergen.

»Was willst du von mir?«, fragte der Fährmann gelangweilt. – »Gib mir dein Boot. Du wirst auch gut bezahlt«, sagte Hagen. – »Mein Boot bekommst du nicht. Ich kenne dich ja gar nicht.« – »Es ist nicht wichtig, ob du meinen Namen kennst, solange du klingende Münzen von mir bekommst.« Hagen zog seinen Geldbeutel hervor. Dabei verschob sich sein Mantel und sein Wappen wurde ein wenig sichtbar. Das sah der Fährmann. Seine Augen blitzten auf. »Du bist ein Tronjer, ein Vasall der Burgunder. Du bist mein Feind«, schrie er. Er zog sein Schwert und stürzte sich auf Hagen. Aber er hatte gegen ihn keine Chance. Nach kurzem Kampf sank der Fährmann tödlich getroffen nieder. – »Du warst ein Narr«, sagte Hagen zu dem Toten. »Hättest du doch nur mein Gold genommen.« Dann gab er dem Leichnam einen Stoß und versenkte ihn im Wasser.

Nur wenig später ruderte Hagen zu den wartenden Burgundern.

»Sieh an!«, rief König Gunther. »Hagen hat ein Boot gefunden. Sag, Onkel, wie sollen wir denn mit den vielen Menschen und Tieren in dieser Nussschale über die Donau gelangen?« – »Wir werden mehrmals übersetzen. Ich fahre euch. Die Pferde müssen schwimmen.« – »Wo ist denn der Besitzer des Schiffs?«, fragte Giselher verwundert. Darauf erwiderte Hagen geheimnisvoll: »Der Fährmann besucht das Reich der Wassernixen. Er hat uns das Boot überlassen.«

Mehrmals fuhr nun Hagen mit seiner menschlichen Fracht über die Donau. Die Pferde schwammen und kamen heil ans andere Ufer. Als Hagen die letzte Fahrt unternahm, saß nur noch ein kleiner, schmaler Mönch aus dem Gefolge der Burgunder im Kahn. Hagen betrachtete den Gottesmann. Er erinnerte sich an die Worte der Wasserfrauen. »Na warte«, dachte er bei sich, »ich werde die Prophezeiung zerstören. Der Gottesmann wird nicht nach Worms zurückkehren!« Er gab dem armen, überraschten Mönch einen Stoß, sodass dieser hinterrücks ins Wasser fiel. – »Oh helft mir doch, ich kann nicht schwimmen!«, schrie der Verzweifelte. Die Wasserfluten rissen ihn unbarmherzig mit. Doch auf einmal kam Wind auf und blähte seine Mönchskutte wie ein Segel, und der Gottesmann trieb an der Wasseroberfläche bis ans andere Ufer. Er war gerettet!

Da wusste Hagen nun, dass die Weissagung der Nixe wahr werden würde. Keiner von ihnen sollte die Heimat je wiedersehen.

Schweigend fuhr er mit dem Kahn zu den anderen. Dort empfingen ihn seine empörten Begleiter. »Was hast du getan, Hagen von Tronje? Warum hast du den armen Mönch ins Wasser geworfen?« – Hagen erzählte von der Prophezeiung. Die

Gefährten hörten ihm still zu. Der eine oder andere wurde vor Angst weiß im Gesicht.

Sie schlugen ihr Nachtlager auf. Doch viele fanden nur schwer in den Schlaf. Da nahm Volker, der Spielmann, seine Fiedel, spielte ein Lied und gab ihnen so die ersehnte Nachtruhe. Mit dem Morgengrauen war der Schrecken des Vortags verflogen.

Man setzte die Reise fort und gelangte zur Festung des Herrn Rüdiger. Wie schon zuvor Königin Kriemhild, so wurden auch ihre Brüder bestens

bewirtet. Der Aufenthalt währte mehrere Tage. Freundschaften wurden geschlossen. Am Ende konnte sogar eine schöne Neuigkeit verkündet werden: Giselher und die Tochter des Markgrafen Rüdiger hatten sich verliebt, und nun wurde Verlobung gefeiert. Schließlich kam die Zeit, um Abschied zu nehmen. Der Aufenthalt an diesem gastfreundlichen Ort hatte allen gutgetan. Der böse Alb war verschwunden.

Wieder zog die Gruppe edler Männer durch das Land. Doch nun waren sie in größerer Zahl unter-

wegs, denn Markgraf Rüdiger begleitete sie mit seinen Männer. Auch er war von König Etzel zum Fest eingeladen worden.

Die Gesellschaft zog an schneebedeckten Bergen und dunkelblauen Seen vorbei und durchquerte eine offene Steppenlandschaft. Da sahen sie schon von Weitem die Etzelburg. Sie war flankiert von mächtigen, hölzernen Wachtürmen. Ein großes Tor war in die Mauer eingelassen. Reiter kamen ihnen entgegen, angeführt von einem edlen Ritter.

Hagen erkannte ihn, denn er rief: »Das ist Dietrich von Bern, einer der engsten Vertrauten des Hunnenkönigs. Er ist Herrscher über Norditalien.«

Auch Gunther kannte Herrn Dietrich und so gab es eine herzliche Begrüßung. Doch Sorgenfalten überzogen Dietrichs Antlitz. »Ich fürchte um euer Wohl«, sagte er zu den Burgundern. »Noch immer trauert Kriemhild um ihren ersten Gemahl und Rachegelüste sind in ihren Gedanken und Worten. Sie wünscht den Mördern Siegfrieds heimlich den Tod. Besser ihr kehrt um, bevor es zu spät ist.« – »Wir sind von König Etzel höchstpersönlich eingeladen worden. Auch haben wir Nachricht über die Freude Kriemhilds über unseren Besuch erhalten. Es wäre

eine Beleidigung für den hunnischen Königshof, diese Einladung auszuschlagen«, sagte daraufhin König Gunther. – »So sei es denn. Doch seid auf der Hut«, warnte Dietrich von Bern.

Sie zogen gemeinsam Richtung Etzelburg und gelangten durch das Burgtor in die innere Festung.

Dort trat die schöne Kriemhild auf die Burgunder zu. »So seid ihr denn nun hier.« Jeden Einzelnen ihrer Brüder sah sie an. Als sie Giselher in die Augen schaute, wurde ihr Blick für einen Augenblick weich, denn Giselher war immer ihr Lieblingsbruder gewesen. Ihm gab sie keine Schuld an den Schrecknissen der Vergangenheit. Doch dann erblickte sie Hagen. »Hagen von Tronje, auch du bist hier?« – »Ich bin immer dort, wo mein König ist.« – »Und wo ist dein Geschenk für mich?« – »Ich wusste nicht, dass ich dir ein Geschenk überreichen sollte.« – Kriemhild richtete sich auf. »Ich denke an mein Gold, an den Schatz, der mir gehört.« – Da trat Hagen näher und sagte böse lächelnd: »Der ist sicher im Rhein versenkt.«

Kriemhild schloss die Augen. Ihre Gesichtszüge sahen aus, als seien sie zu Eis erstarrt. »Mein Gemahl, König Etzel, lässt heute Abend ein Fest für euch ausrichten«, sagte sie. »Es ist nicht üblich, mit Waffen zu erscheinen. Gebt sie mir. Ich werde sie sicher verwahren.« – Hagen lachte höhnisch auf: »Hat man je einen Ritter ohne Waffen gesehen?«

Dabei legte Hagen die Hand auf seinen Schwertgriff. Als Kriemhild Hagens Schwert erblickte, erbleichte sie, denn sie erkannte die Waffe. Es war Balmung.

Da drehte sich Kriemhild um und ging wortlos fort.

Sie lief in ihre Kemenate. Dort barg sie ihr Gesicht in ihren Händen und fing an zu weinen. Sofort wurde sie von ihrer Dienerschar umringt. »Herrin, was ist geschehen?« – »Man hat mich aufs Schlimmste betrogen.« – »Wer hat das getan?« Der Hauptmann ihrer Leibgarde trat auf die schöne Königin zu. »Sag es mir, und ich werde dich rächen.« – Kriemhild schaute zu ihm auf. »Es war meine eigene Sippe und der Schlimmste unter ihnen ist Hagen von Tronje.« – »Dann werde ich ihn bestrafen.« Doch Kriemhild schüttelte den Kopf. »Noch ist der Zeitpunkt nicht gekommen. Hagen von Tronje ist stark. Du wirst ihn alleine nicht besiegen können. Doch warte nur ab. Es wird sich noch eine günstige Gelegenheit finden.« – »Meine Königin, du darfst dich auf mich und meine Soldaten verlassen«, sagte der Hauptmann. Er verneigte sich und verließ die Kemenate.

Der Abend kam und es wurde ein großes Fest zu Ehren der Burgunder gefeiert. Der Saal war voller Ritter. Da war Markgraf Rüdiger mit seinen

Männern, Dietrich von Bern mit seinen Gefolgsleuten, König Gunther mit den Burgundern, natürlich der Hofstaat Etzels und noch viele andere mehr.

König Etzel begrüßte die Verwandten seiner Gemahlin herzlich. Er ahnte ja nicht, dass es immer noch böses Blut zwischen Kriemhild und den königlichen Brüdern gab, hatte die Königin doch schließlich die Burgunder eingeladen. Doch er wunderte sich, dass die Verwandten aus Worms mit Schwert und Harnisch zum Festmahl erschienen waren. Hagen hatte Gunther und seinen Brüdern nämlich aus Vorsicht dazu geraten. Doch König Etzel schwieg, denn er glaubte, dass das wohl in Worms so Sitte sei. Als das Fest seinen Höhepunkt erreichte, klatschte König Etzel in die Hände. Daraufhin wurde es still im Saal. »Mein Schwager«, sagte der Hunnenkönig zu Gunther, »es ist mir eine große Freude, dir nun meinen geliebten Sohn vorzustellen.«

Diener brachten den kleinen Ortlieb zu den Edlen an den Tisch. Und weil der Prinz so artig war und einen guten Eindruck machte, sprach Gunther begeistert: »Da kannst du wahrlich stolz sein, so einen braven Sohn zu haben. Wenn du einverstanden bist, werde ich Ortlieb mit nach Worms nehmen und ihn dort zu einem Ritter ausbilden lassen.« Da freute sich König Etzel und nickte zustimmend.

Alberinchen:
Auch hier, an dieser Stelle, hätte die Geschichte doch noch ein gutes Ende nehmen können. Ortlieb hätte seinen Onkel in Worms besucht, wie man das halt in Familien so macht. Doch die Reise zurück an den Rhein hätte mehrere Wochen gedauert. Dazu der lange Aufenthalt in Worms. Nun ja, Ortlieb ist doch noch klein, bestimmt nicht älter als fünf oder sechs Jahre. Der wäre dann jahrelang von seinen Eltern getrennt gewesen. Könnt ihr euch das vorstellen? Das ist doch schrecklich, oder?

Ausbildung zum Ritter

So wie es dem kleinen Ortlieb hätte ergehen sollen, erging es vielen Söhnen adeliger Familien im hohen Mittelalter. Die Ausbildung zum Ritter war hart und entbehrungsreich. Schon im Alter von ungefähr sechs Jahren verließ ein Sohn sein elterliches Zuhause, um bei einem Burgherrn in die ›Lehre‹ zu gehen. Oft war es ein naher Verwandter, zum Beispiel ein Onkel, der ihn aufnahm und ihn zum Ritter ausbildete. Manchmal aber war es auch der Lehnsherr seines Vaters, der für zukünftige Fehden neue Ritter brauchte.

Nun lebte der Junge als Page in seinem neuen Zuhause. Er lernte den Umgang mit Pferden, das

Reiten und war für die Pflege der Tiere verantwortlich. Er erlernte die Jagdkunst, das Sich-Zurechtfinden in der Natur und den Umgang mit Pfeil und Bogen. Sportlich musste der Page sein, daher standen körperliche Übungen auf seinem Stundenplan. Natürlich gehörte dazu auch das Erlernen des Schwertkampfs, allerdings zunächst noch mit Holzschwertern.

Ein ausgebildeter Ritter sollte aber nicht nur gut kämpfen können. Auch Höflichkeit und gute Manieren, vor allem gegenüber der Damenwelt, wurden von ihm verlangt. So lernte der Page Burgherrn und -herrin bei Tisch zu bedienen. Fremdsprachen, besonders Französisch, wie auch Lesen und Schreiben sollten dem Pagen ebenfalls vermittelt werden. Natürlich war Letzteres ein Idealziel, das nicht immer erreicht wurde.

Zwischen dem zwölften und vierzehnten Lebensjahr wurde der Page zu einem Knappen. Jetzt durfte der Jugendliche seine zuvor erworbenen Kenntnisse vertiefen. Ein Knappe kämpfte jetzt nicht mehr mit Übungsschwertern, sondern mit blanken Waffen. Er bekam eine Lanze, einen Schild und ein Schwert. Nun durfte er sein Können auch auf Turnieren unter Beweis stellen. Doch zunächst war er insbesondere für seinen ritterlichen Herrn Hilfe und Unterstützung. Diesen begleitete er auf Turnieren oder in richtigen Schlachten. Ein Knappe

musste seinem Ritter in dessen Rüstung hineinhelfen, das Rüstzeug putzen und pflegen und sich um die Pferde kümmern. Wenn sich der Knappe gut anstellte und die Achtung seines Herrn erwarb, endete seine Ausbildung im besten Fall nach sieben Jahren mit der Schwertleite. Dann wurde der Knappe in einem großen Fest selbst zum Ritter geschlagen.

Erzählung:

Auch König Gunther war froh gestimmt, denn er glaubte, nun sei endlich Frieden eingekehrt. Doch als ihn der Blick seiner Schwester traf, fing er wieder an zu zweifeln.

Hagen zweifelte nicht. Er kannte Kriemhild und wusste, dass sie ihm nicht verzeihen würde. Als sich die Burgunder zum Schlafen zurückzogen, hielt er Wache, denn er ürchtete einen Überfall. Er saß auf einer Bank vor dem Gasthaus. Da trat Volker, der Spielmann, auf ihn zu. »Hagen von Tronje, erlaubst du mir, dass ich dir Gesellschaft leiste?« – »Volker, du bist mein bester Gefolgsmann. Du darfst gerne an meiner Seite sitzen. Doch musst du wissen, dass ich hier Wache halte, denn ich fürchte um den Nachtfrieden und die Sicherheit meines Königs.« – »Hagen, du weißt, ich kann nicht nur mit dem Bogen die Saiten meiner Fiedel erklingen lassen, sondern auch mit dem Schwert die Seiten unserer Feinde kitzeln.« – Da schlug ihm Hagen anerkennend auf die Schulter. »So wollen wir gemeinsam Wache halten. Dann kann uns Burgundern nichts Schlimmes mehr geschehen«, lachte er grimmig.

Also hielten die beiden Wache, lauschten und warteten. Im Gebäude schliefen die königlichen Brüder. Die Nacht war dunkel. Da hörten sie auf einmal Geräusche. Es funkelte metallisch. Das war die hunnische Leibgarde der Königin. Hagen und Volker aber standen wie Riesen vor dem Eingangsportal. Gefährlich sahen sie aus. Kein Hunne traute sich daher in ihre Nähe, und so verging die Nacht kampflos.

Am nächsten Tag wurde ein Ritterturnier gehalten. Die Ritter Rüdigers und Dietrichs freuten sich, ihre Kräfte messen zu können. Die stolzen Ritter preschten aufeinander los und die Damenwelt jubelte. Auch die Burgunder kämpften ehrenvoll und noch war alles gut. Die Sieger wurden belohnt. Da gab König Etzel ein Zeichen. Die Kämpfe waren zu Ende.

Ein einzelner hunnischer Reiter trabte noch auf den Kampfplatz. Er war geschmückt und herausgeputzt. Laut und fordernd fragte er, ob sich denn wohl ein schwacher Burgunder traue, gegen ihn anzutreten. Hagen winkte herablassend. »Lasst den Grünschnabel doch krähen.« Aber Volker meinte scharf: »Was ist das für ein bunter Pfau? Wagt er es wirklich uns zu verhöhnen? – Na warte, Bursche, dir werd' ich's zeigen.« Und schon sprang Volker auf sein Pferd und schoss im schnellen Ritt auf den Unbedarften zu. Volkers Schwerthiebe waren unerbittlich und trafen den Hunnen hart. Kaum konnte sich der junge Ritter zur Wehr setzen. Auf einmal fiel er aus dem Sattel und blieb reglos liegen. Volkers Schwertstreich hatte ihn tödlich getroffen. Als die Hunnenkrieger dies sahen, stießen sie wilde Verwünschungen aus und stürzten sich auf den Spielmann. Darauf eilten ihm die Burgunder zu Hilfe. Im Nu gab es einen wilden Kampf.

Dies alles sah Kriemhild von ihrem Platz aus. Hoffnungsvoll erhob sie sich. Hagen war mit im Getümmel. Würde der Tronjer nun endlich fallen? Sollte ihr Wunsch nach Vergeltung somit in Erfüllung gehen und ihr Todfeind sterben? Aber die Burgunder schützen sich gegenseitig. Sie waren stärker. Etliche Hunnenkrieger lagen bereits verwundet auf dem Boden. Auf einmal rief eine laute Stimme: »Haltet ein, haltet ein! Lasst Frieden walten!« König Etzel stand auf dem Kampfplatz. Gebieterisch hielt er die Hand erhoben. »Hört auf mit dem Kampf. Ich habe die Burgunder als Freunde geladen und Gastfreundschaft ist mir heilig. Was gerade geschehen ist, war ein Unfall, keine böse Absicht.«

Seine Krieger murrten, denn sie glaubten etwas anderes wahrgenommen zu haben. Doch ließen sie alle ihre Waffen sinken.

Als Kriemhild das sah, lehnte sie sich enttäuscht in ihrem Sitz zurück. Die Burgunder hielten fest zusammen. Und sie waren stets kampfbereit. Niemals würde sie, Kriemhild, Hagen wohl bestrafen können. Es sei denn, sie fand einen Verbündeten.

Die Hunnenreiter

Gerüchte über die Hunnen waren bereits in der spätantiken Welt im Umlauf. Es hieß, die hunnischen Krieger würden sich das Gesicht blutig kratzen, sodass die Gesichter aussähen wie Fratzen. Tag und Nacht würden sie auf den Rücken der Pferde verbringen und dort sogar schlafen. Und rohes Fleisch klemmten sie sich unter die Pferdesättel, um es durch das Reiten zu garen.

Fest steht, dass die Hunnenkrieger ausgezeichnete Reiter waren. Auf ihren kleinen, wendigen Pferden schossen sie im Ritt, sogar rückwärts gewandt, treffsicher Pfeile auf ihre Feinde ab. Die Bögen, die sie dabei benutzten, revolutionierten die antike Kampftechnik. Der hunnische Bogen war ein sogenannter Kompositbogen. Dieser bestand

aus verschiedenen Materialien und war anders geformt und gebaut als der römische Langbogen. Seine Pfeile besaßen eine fast doppelt so hohe Durchschlagskraft. Sogar antike Metallrüstungen konnten Pfeile, die von solchen Bögen abgeschossen wurden, durchbohren. Um im Galopp schießen zu können, benutzten die Hunnen auch besondere Pferdesättel. Sie waren so geformt, dass der Reiter einen sicheren Halt hatte und sein Pferd nur durch Schenkeldruck lenken konnte. Somit waren seine beiden Hände frei für den Kampf.

Kleiner Exkurs über Ritterspiele

Donnernde Hufe über sandigem Boden. Zuschauer rufen und jubeln. Ritter in Rüstungen preschen aufeinander zu. Stahl blitzt auf. Lanzen gehen in die Waagerechte. Pferde schnauben. Dann ein Krachen, ein Aufbäumen…

Ja, solche Bilder steigen vor dem geistigen Auge auf, wenn man an Ritterturniere denkt. Vor allem Film und Fernsehen haben unsere heutige Vorstellung des ritterlichen Zweikampfs geprägt.

Doch zunächst waren Ritterspiele nichts anderes als Übungen und dienten dem Kämpfer dazu, seine eigenen Fähigkeiten zu stärken und unter Beweis zu stellen.

Im hohen Mittelalter entwickelten sich dann die verschiedenen Arten der ritterlichen Kämpfe, die auf Festplätzen vor einer großen Zuschauermenge ausgetragen wurden.

Der Zweikampf (Tjost), bei dem zwei Ritter mit Lanzen aufeinander zupreschten, um den Gegner aus dem Sattel zu heben, war nur einer dieser Kämpfe.

Daneben gab es auch Gefechte, die durch zwei Gruppen ausgetragen wurden (Buhurt, Turnei). Diese sollten Schlachten simulieren. Manchmal waren sie ein wildes Gerangel. Immer versuchte man dabei Gefangene in der gegnerischen Gruppe zu machen und für diese ein Lösegeld zu verlangen.

Grundsätzlich stand dem Sieger, ob im Zweikampf oder im Gruppenkampf, eine Prämie zu. Oft verlor dadurch der Gegner sein Pferd und sein Rüstzeug. Manch einer verließ den Kampfplatz also daher am Ende bettelarm. Andere Kämpfer waren so erfolgreich, dass sie Reichtümer anhäufen konnten und sich einen Namen machten. Diese würden wir heute als Berufsturnierkämpfer bezeichnen.

Gefahrlos waren diese Kämpfe wahrlich nicht. Immer wieder gab es Schwerverletzte und sogar Tote. Schließlich verbot die Kirche die Turniere. Doch die adeligen Herrschaften ließen sich nicht davon abhalten, weiterhin Schaukämpfe aufzuführen. So gab es noch bis ins ausgehende Mittelalter, als schon längst Schusswaffen und Kanonen die

Schlachten beherrschten, glanzvolle Ritterturniere – und heutzutage finden wir die wilden, kämpfenden Recken auf manchen Mittelaltermärkten wieder.

Erzählung:

Kriemhilds Blick schweifte über die Zuschauerschar, um schließlich an Blödel, dem Bruder König Etzels, hängenzubleiben. Ihre Augen leuchteten auf. Ja, ihn würde sie zu ihrem Verbündeten machen.

Als der Abend nahte traf sie Blödel auf dem Weg zum Gasthaus. Heute waren alle zum Fest bei den Burgundern eingeladen.

»Mein lieber Schwager, du musst mir helfen. Meine Not ist groß. Man hat mich zutiefst beleidigt und gedemütigt.« – Der junge Bruder des Hunnenkönigs sah erschrocken drein. »Wer hat dich beleidigt? Sag es mir und ich werde den Schuldigen bestrafen!« – »Es ist Hagen von Tronje.« – Da schüttelte Herr Blödel den Kopf. »Dieser Streit ist uralt, und er begann vor deiner Heirat mit meinem Bruder. Er geht mich nichts an.« – »So höre mir zu«, sagte darauf Kriemhild. »Wenn du mir hilfst, werde ich dich reich belohnen. Die Hälfte des Hunnenreichs soll dir gehören.« – Da flackerte Gier in den Augen Blödels auf. »Nun, ich werde dich unterstützen.« – »Das ist gut. Doch musst du es klug angehen. Du kannst Hagen von Tronje nicht alleine zum Kampf auffordern. Er ist zu stark«, meinte Kriemhild. – »Sorge dich nicht, meine Königin. Ich habe viele Männer, die mir beistehen.« Blödel verneigte sich und ging davon.

Kurz darauf scharte er seine Männer um sich und lief zum Gasthaus. Musik, Gesang und Gelächter drangen von dort nach draußen. Mit seinen hunnischen Begleitern betrat er den Saal. Als die Burgunder die Bewaffneten sahen, wurde es still. Es war Volker, der auf Blödel zukam und ihn freundlich einlud. – »Ich speise nicht gemeinsam mit Mördern«, sprach Blödel mit kaltem Blick. »Ihr habt einen ehrenvollen Hunnenritter beim Turnier getötet. Ihr sucht Streit.« – »Den Streit suchst du«, antwortete Volker und legte seine Hand auf den Griff seines Schwertes. Darauf zog Blödel seine Waffe und griff Volker an. Im Nu entbrannte ein Kampf im Saal. Da schrie Hagen von Tronje in großem Zorn: »Das, König Etzel, nennst du Gastfreundschaft? Du wolltest uns hinterrücks alle töten lassen. So soll denn kein Hunne im Saal diesen Abend überleben. Deine Sippe soll ausgelöscht werden. Kein Spross aus deiner Familie darf in Zukunft deinen Thron besteigen.« Außer sich vor Wut zog er sein Schwert und erstach den kleinen Prinzen neben Königin Kriemhild. Ortlieb

sank tot zu Boden. Kriemhild schrie in grenzenloser Verzweiflung. König Etzel starrte entsetzt auf seinen Sohn. Da sprang Dietrich von Bern schützend vor das Königspaar, denn beide waren unbewaffnet. Er gab ihnen Deckung bis zum Ausgang. Doch im Saal tobte ein erbitterter Kampf.

Alberinchen:
Oh nein, der kleine Prinz! Tot!...

Erzählung:

Bald waren Tote auf beiden Seiten zu beklagen. Vor dem Gebäude standen König Etzel, Königin Kriemhild und Dietrich von Bern. Dietrich schritt langsam auf den Eingang zu. Das Tor ging auf und König Gunther trat heraus. Sein Gewand war mit Blut befleckt. Er blickte erst Dietrich und dann seine Schwester an. »Und, Kriemhild, wolltest du das? So viele sind jetzt tot. War es das wert?« – Kriemhild war bleich. »Mein Sohn ist auch tot – Hagen von Tronje hat ihn mir genommen.« – Da trat der Tronjer aus dem Dunkeln des Hauses ins Licht. Kriemhild schrie auf: »Hagen von Tronje, du lebst noch? Stell dich uns als Gefangener, und ich werde das Leben meiner Brüder schonen.« – »Nein!«, rief da Gunther. Er stellte sich vor Hagen. »Wir haben immer zusammengehalten. So soll es auch bleiben.« Er drehte sich um und verschwand mit Hagen.

Kriemhild starrte ihnen nach. »Dann soll es so sein«, zischte sie. »Zündet das Gebäude an!«

Bald brannte das Gebäude lichterloh.

König Etzel schwieg. In seinen Augen spiegelten sich die Flammen. Sein Herz aber war leer. Er hatte seinen Sohn verloren. Wer sollte nun das Hunnenreich erben? Verzweifelt ging er fort.

Kriemhild jedoch blieb auf ihrem Platz. Sie blickte auf das Feuer und wartete die ganze Nacht, bis es erlosch. Nun hatte sie endlich Rache nehmen können. Dies war die Vergeltung für Siegfrieds Tod, für den Raub des Nibelungenschatzes und für den Mord an ihrem kleinen Sohn. Aber sie spürte keinen Frieden in ihrem Herzen. Dietrich von Bern stand in ihrer Nähe »Warum, Königin Kriemhild, hast du es so weit kommen lassen? Jetzt sind alle deine Brüder tot und auch viele stolze Hunnenkrieger. Es war doch deine Familie. Und was ist mit Markgraf Rüdiger? Was hat er dir getan? Er hat dich doch in Freundschaft aufgenommen. – Es waren auch alles meine Freunde, die nun nicht mehr sind. Wehe mir!« Eine große Trauer sprach aus Dietrichs Mund. Kriemhild wollte etwas erwidern. Da schrie sie auf. Aus der rauchenden Ruine kamen zwei Gestalten auf sie zu. Es waren König Gunther und Hagen von Tronje.

Alberinchen: *Ach, oh je! Wie habe ich mich jetzt erschrocken. Das ist ja gruselig. Wie geht denn das? Hm, ich kann es euch verraten. Als das Feuer ausbrach und immer größer wurde, waren fast alle Burgunder und Hunnen im Kampf gefallen. Nur Gunther und Hagen hatten überlebt. Diese fanden Schutz unter den vielen Schilden und hatten dadurch das Feuer fast unbeschadet überstanden. Doch die anderen.... Oh je...*

Erzählung:

»Ergebt euch als meine Gefangenen!«, rief Königin Kriemhild laut. – »Niemals werden wir uns ergeben«, kam es zurück. »Wir werden weiter kämpfen.«

Doch Gunther und Hagen waren erschöpft. Die herbeigerufene Leibwache konnte die zwei überwältigen und fesseln. Die Gefangenen wurden in zwei getrennten Gemächern untergebracht. Dort suchte Kriemhild ihren Bruder auf. Als sie zu Gunther trat, sprach dieser: »Du bist der Teufel in Menschengestalt, du Mörderin. Du hast deine eigene Familie auf dem Gewissen.« – »Ihr habt es nicht anders verdient«, entgegnete Kriemhild. »Erinnerst du dich noch? Du hast damals den Mord an Siegfried nicht verhindert, ihn sogar geduldet. Auf dieser Tat lag ein Fluch .«

Dann ging Kriemhild zu Hagen und fragte ihn: »Wo ist mein Schatz?« – »Das wirst du nie erfah-

ren. Das schwöre ich beim Leben meines Königs«, erwiderte Hagen kalt.

Da gab Kriemhild den Befehl, König Gunther zu enthaupten. Seinen Kopf warf sie Hagen zu Füßen. »Dein Schwur gilt nicht mehr«, sagte sie und fragte erneut: »Wo ist mein Schatz?« – »Nun bin ich der Einzige, der weiß, wo der Schatz verborgen liegt«, lachte Hagen höhnisch. Da schrie Kriemhild in rasendem Zorn. An eine Wand gelehnt sah sie das Schwert Balmung, das man Hagen entwendet hatte – das Schwert ihres geliebten Siegfrieds. Sie riss es an sich und durchbohrte damit Hagens Herz.

In dem Moment, als dies geschah, traten Dietrich und Etzel in die Kammer. »Soll denn das Morden nie enden?«, rief Dietrich entsetzt. Er griff nach Balmung, um es Kriemhild zu entreißen. Da stolperte Kriemhild und stürzte in das Schwert. Sterbend sank sie zu Boden. Erst als ihre Augen sich für immer schlossen, legte sich endlich Frieden auf ihr Antlitz.

Dietrich und Etzel aber klagten und weinten über den Tod der vielen Getreuen.

Und so endete, was mit einer großen Liebe begonnen hatte, in Trauer und in Leid.

Alberinchen:

»Hie hât daz maere ein ende: daz ist der Nibelunge nôt – Hier findet die Geschichte ihr Ende: Das ist der Nibelungen Not.« – So lauten die letzten Worte aus dem Nibelungenlied. Was für eine Geschichte, so gewaltig und groß. Und was für ein Ende, so schrecklich und traurig zugleich.

Diese Sage hat mir meine Großmutter vor vielen Jahren erzählt und die kannte sie von ihrer Großmutter und die wiederum von ihrem Großvater. So wurde das Abenteuer der Burgunder von Generation zu Generation weitergegeben. Ja, angefangen hat es mit meinem Urahn König Alberich.

Was aus dem geworden ist? Er hat das traurige Ende an Etzels Hof als Beobachter miterlebt. Nachdem er vom Tod seiner Herrin Kriemhild erfahren hatte, ist er zurückgekehrt, in unser Zwergenreich. Mit den Menschen wollte er nichts mehr zu tun haben. Sie seien zu schlecht, sagte er. Die Gier nach Macht und Geld würde sie zerfressen. So hat sich meine Familie viele Jahrhunderte in Höhlen zurückgezogen, vor den Menschen unsichtbar.

Jetzt aber bin ich der Meinung, dass wir uns genug versteckt haben. Der Zeitpunkt ist gekommen, dass wir uns wieder den Menschen zeigen. Darum habe ich euch die Geschichte erzählt. Vielleicht können wir alle etwas aus dieser Erzählung lernen?

Und was wurde aus dem Schatz der Nibelungen? Der mag wohl noch irgendwo in den Tiefen des Rheins verborgen sein. Wer weiß, vielleicht bist du es ja, der ihn findet.

Personenregister

Alberich:
Er ist der König der Zwerge und Hüter des Schatzes der Nibelungen.

Brünhild:
Sie ist eine berühmte Königin aus dem Norden. König Gunther bewundert ihre Schönheit und Stärke und verliebt sich in sie.

Dietrich von Bern:
Er ist ein enger Vertrauter des Hunnenkönigs und Herrscher über Norditalien.

Etzel:
König Etzel ist der mächtige Herrscher der Hunnen. Er wird der zweite Ehemann Kriemhilds.

Gernot und Giselher:
Sie sind burgundische Prinzen und die Brüder Kriemhilds und Gunthers.

Gunther:
Er ist der mächtige König der Burgunder und der älteste Bruder Kriemhilds.

Hagen von Tronje:
Hagen ist der Onkel Kriemhilds und ihrer Brüder. Als Vasall ist er König Gunther treu ergeben.

Kriemhild:
Die schöne Kriemhild ist eine burgundische Prinzessin. Sie heiratet ihre große Liebe Siegfried und nach dessen Tod König Etzel.

Markgraf Rüdiger:
Er ist ein enger Vertrauter König Etzels und begleitet Kriemhild auf der langen Reise zur Etzelburg.

Siegfried:
Der nahezu unbesiegbar Drachentöter und Königssohn aus Xanten verliebt sich in Kriemhild und kämpft um diese Liebe.

Glossar

Alb In der germanischen Mythologie existierten Naturgeister, die Alb oder Elf genannt wurden. Diese tückischen, koboldhaften Wesen schickten den Menschen auch schlechte Träume (Albträume).

Antike Unter Antike wird das griechische und römische Altertum in der Zeit von etwa 800 vor Christus bis 500 nach Christus verstanden.

Barbar Die alten Griechen und Römer bezeichneten in der Antike Angehörige von Völkern als Barbaren, deren Sprache sie nicht verstanden und die sie für unzivilisiert hielten.

brachiale Gewalt rohe, körperliche Gewalt

Dom eine große Kirche mit gleichzeitigem Bischofssitz

Edelmänner adelige Männer

fahrendes Volk So nannte man Schausteller, Gaukler, Akrobaten und so weiter, Personen, die keinen festen Wohnsitz hatten.

Fehde ein Streit, gelegentlich mit einem Kampf verbunden

Fiedel oder auch Fidel ist ein Saiteninstrument, ähnlich einer Geige.

Flotte mehrere Schiffe eines Besitzers

Frühes Mittelalter Das frühe Mittelalter ist die Zeit zwischen ungefähr 500 nach Christus bis ungefähr 1000 nach Christus.

Garaus den Garaus machen bedeutet: etwas beenden, zerstören oder töten.

Gefolge/Gefolgschaft die Gruppe von Personen, die zu einem adeligen Haushalt zählt (z. B. Bewaffnete, Diener).

Gemach/Gemächer bewohnbare und schön ausgestattete Räume eines Gebäudes.

Gemahl/Gemahlin Ehemann/Ehefrau

Gewand Kleidung

Geysir eine heiße Quelle, aus der Wasser als Fontäne in die Luft schießt.

geziert, zieren geschmückt, schmücken, hübsch aussehen

Gottesmann eine männliche Person, die für eine Religionsgemeinschaft arbeitet, zum Beispiel ein Priester oder ein Mönch.

historisch geschichtlich

hünenhaft riesengroß

Hoheit Die Anrede einer Person, die mit der Königsfamilie verwandt ist, oder die Königin/der König selbst.

Hort in diesem Fall: ein anderes Wort für Schatz.

Hohes Mittelalter Das hohe Mittelalter ist die Epoche zwischen 1000 bis 1200 nach Christus.

Jagdhörner Ein Blasinstrument, mit dem man Signale zur Verständigung innerhalb der Jagdgesellschaft gibt.

Jungfrau Eine Jungfrau ist ein Mädchen oder eine Frau, die noch keinen Geschlechtsverkehr hatte.

Kaiser Konstantin Auch Konstantin der Große genannt, er war römischer Kaiser von 306 bis 337 nach Christus. Unter seiner Herrschaft wurde die Erhebung des Christentums zur Staatsreligion auf den Weg gebracht.

Katalaunische Felder Im Jahr 451 nach Christus fand auf den Katalaunischen Feldern eine große Schlacht statt. Die Römer kämpften mit ihren Verbündeten, den Westgoten, gegen die Hunnen und deren Verbündeten, den Ostgoten. Der Anführer der Hunnen war Attila. Damals siegte das römisch-westgotische Heer und zwang die Hunnen zum Rückzug.

Kemenate der beheizbare Wohnbereich einer Burg, in dem sich vor allem die Frauen und Kinder aufhielten

kolossal großartig, riesengroß

Leibgarde Soldaten, für den persönlichen Schutz eines Anführers zuständig

Mesopotamien Mesopotamien bedeutet übersetzt: das Land zwischen den Flüssen. Damit ist das Land zwischen den Flüssen Euphrat und Tigris gemeint. Diese fließen durch den Nahen Osten. Dazu zählen unter anderem die heutigen Staaten Türkei, Syrien und Irak. Vor über 5000 Jahren entstand in Mesopotamien eine der ersten Hochkulturen der Menschheit.

Minne die verehrende Liebe eines Ritters zu einer meist verheirateten, höhergestellten Frau.

Mönch ein Gottesmann (siehe Gottesmann)

Mönchskutte die Kleidung eines Mönchs

Mythologie So wird die Gesamtheit von Geschichten, Sagen und Mythen eines Volkes bezeichnet.

Niederlassung eine Ansammlung von Häusern und Gebäuden, beispielsweise ein Dorf.

Prämie Belohnung

Prophezeiung eine Weissagung, etwas Gesagtes, was tatsächlich in der Zukunft stattfinden wird.

Raunen flüstern, geheimnisvoll sprechen

Recke Krieger, Kämpfer, Held

Rüstzeug Rüstung und Waffen eines Ritters

Schmach eine schwere Kränkung, Demütigung

Schwertleite Die Zeremonie, in der ein Knappe zum Ritter erhoben wurde

Spätantike Die Spätantike ist der Übergang zwischen der Antike und dem frühen Mittelalter, also die Zeit von ungefähr 300 bis 600 nach Christus.

spinnefeind sein sprichwörtlich für sich gegenseitig hassen

Statue ein freistehendes Kunstwerk aus Stein, Marmor, Metall oder Holz

Tarnnetz, Tarnkappe Ein Kleidungsstück, das seinen Träger unsichtbar macht. Mit Kappe ist aber keine Kopfbedeckung, sondern ein Umhang gemeint.

Turnier ritterlicher Wett- oder Übungskampf

unter Stand verheiraten Im Mittelalter und auch noch in der Neuzeit war es üblich, dass nur Personen des gleichen Standes heiraten konnten. So konnte eine Dienstmagd keine Ehe mit einem Adeligen eingehen oder umgekehrt. Der Adelige hätte sonst unter seinem Stand geheiratet.

Wegelagerer Räuber, Diebe

Zwietracht altes Wort für Streit